藝術文獻集成

新增格古要論

〔明〕王佐

浙江人民美術出版社

圖書在版編目(CIP)數據

新增格古要論/(明)王佐撰.—杭州:浙江人民美術出版社,2019.12（2025.4重印）
(藝術文獻集成)
ISBN 978-7-5340-7468-4

Ⅰ.①新… Ⅱ.①王… Ⅲ.①文物－考證－中國－文集
Ⅳ.①K870.4-53

中國版本圖書館CIP數據核字(2019)第149415號

新增格古要論
〔明〕王　佐　撰

責任編輯　霍西勝　張金輝　羅仕通
責任校對　余雅汝　於國娟
裝幀設計　劉昌鳳
責任印製　陳柏榮

出版發行　浙江人民美術出版社
（浙江省杭州市體育場路347號）
網　　址　http://mss.zjcb.com
經　　銷　全國各地新華書店
製　　版　浙江時代出版服務有限公司
印　　刷　三河市元興印務有限公司
版　　次　2019年12月第1版
印　　次　2025年4月第3次印刷
開　　本　880mm×1230mm　1/32
印　　張　14.125
字　　數　170千字
書　　號　ISBN 978-7-5340-7468-4
定　　價　79.80圓

點校説明

《新增格古要論》十三卷，明人王佐撰。佐字功載，號竹齋，江西吉水人，明宣德二年（一四二七）進士，官刑部主事，歷員外郎，天順間出守臨安，以勤慎著聞於士大夫間。《新增格古要論》爲王氏增補前人曹昭《格古要論》之作，爲我國古代重要的博物、賞鑒專著。原書仍名「格古要論」，後人更冠「新增」二字以與曹著區别。

曹昭字明仲，明初江蘇松江人，自幼嗜古，「凡見一物，必遍閲圖譜，究其來歷，别其是否」。曹氏因「常見近世紈袴子弟，習清事者亦有之，惜其心雖有好而目未之識」，遂「取古銅器、書畫、異物，分高下、辨真贋，舉其要略，書而成編，析門分類」（《格古要論》曹昭自序），撰《格古要論》，成書於明洪武二十一（一三八八）年三月。全書共三卷十三論，上卷爲古銅器、古畫、古墨迹、古碑法帖四論；中卷爲古琴、古硯、珍奇（含玉器、瑪瑙、珍珠、犀角、象牙等）、金鐵四論；下卷爲古窑器、古漆器、錦綺、異木、異石五論。《四庫全書總目提要》入子部雜家類，論其：「於古今名玩器具真贋優劣之解，皆能剖析纖微。又諳悉典故，一切源流本末，無不厘然，故其書頗爲賞鑒家所重。」據王佐《新增凡例》，此書又有五卷本二種，明萬曆時《格致叢書》所收亦作五卷。又，《千頃堂書目》卷九食貨類、卷十五藝術類分别載有「曹昭《格古要論》十三卷」及「曹昭《格古要論》十四卷」，顯系混淆曹、王二書爲一種，《明史藝文志》沿其誤。

明景泰七年（一四五六）四月，王佐據所得二種五卷本，考校增補原書，至其年七月完成，又至天順三年（一四五九）付梓。所録篇幅數倍於原書，除自家收藏、搜討所得、耳目所聞外，又以宋元以來諸名人文集内相關篇章採入。全書共十三卷，新增、續補條目以小字注出，考校增補之外，又將原書重新編次：卷一爲古琴論；卷二爲古墨迹論上；卷三爲古墨迹論下；卷四爲金石遺文、法帖題跋；卷五爲古畫論及古人善畫者小傳；卷六爲珍寶論、古銅論；卷七爲古硯論、異石論、古窑器論；卷八爲古漆器論、古錦論、異木論、竹論；卷九爲文房論；卷十爲古今敕誥題跋；卷十一至十三爲雜考。其中，卷三新增各家「蘭亭考」二十餘篇，卷四新增各處碑帖數百項，卷十至卷十三録宋元以來名人敕誥題跋，歷考秦玉璽、唐宋以來衣冠文物制度、宋元宫室等，俱爲新增主要内容，然亦以雜抄多而識見少爲人詬病。

《新增格古要論》常見版本有《續修四庫全書》影明刻本，清光緒間李錫齡輯刻《惜陰軒叢書》本，民國間《叢書集成》排印本。本次整理以《惜陰軒叢書》本爲底本，以《續修四庫全書》影明刻本、《叢書集成》本爲校本，另參校《夷門廣牘叢書》本、《四庫全書》本《格古要論》。原書採録他書，間有將注文誤作正文者（如卷二「唐太宗得蘭亭真始末及賓武翻刻石本」條内），徑改；避諱字徑改。原書目録與正文篇目行文不同，但便於檢索，今仍其舊。

目録

浙江

校勘記

〔一〕「李藥師」，正文作「李靖」。

〔二〕「窯」，正文作「器」。

〔三〕「紅」，正文作「金」。

格古要論序

石鼓無聲，非張華不能扣，紫珍有識，非竇儀不能知。故知博古博物，君子所當務。雲間曹明仲，世爲吴下簪纓舊族，博雅好古。凡世之一事一物，莫不究其理，明其原，而是非真僞，不能逃其鑑。由其見之廣，識之精，而講之素也。因讀書之暇，閲世之玉石之難辨，紅紫之亂朱，遂著爲《格古要論》，以辨釋器物，使玉、石、金、珠，琴、書、圖、畫，古器、異材，莫不明其出處，表其指歸，而真僞之分，了然在目。凡詐僞苦窳之器，不能眩惑求售，可謂有益於世矣。予竊觀而愛之，頗爲增校，訂其次第，敘其篇端，亦可謂格物致知之一助也。君子觀之，更能以辨物之玉、石，辨人之玉、石，使卞和止泣，宋愚免笑，庶有以發明於世，豈小補哉。雲間舒敏志學序。

序

先生真隱處士，平生好古博雅，素蓄古法書、名畫、古琴、舊硯、彝鼎、尊壺之屬，置之齋閣，以爲珍玩。其售之者，往來尤多。予自幼性亦嗜之，侍於先子之側，凡見一物，必遍閱圖譜，究其來歷，格其優劣，别其是非而後已。迨今老尤弗怠，特患其弗精耳。嘗見近世紈袴子弟，習清事古者亦有之，惜其心雖愛，而目未之識矣。因取古銅器、書法、異物，分其高下，辨其真贋，正其要略，書而成編，析門分類，目之曰《格古要論》，以示世之好事者。然其間或者謬誤，尚冀多識君子幸而正之。

洪武二十一年戊辰春三月望日，雲間曹昭明仲書於澳上之寶古齋。

格古要論凡例

一、《格古要論》一書，舊刻歲久損壞，今博訪初本，以補其闕亡，初本所無，仍從其舊。

一、舊本文字多有重複，今校定删去之。

一、舊本中多魯魚亥豕之誤，至有以芋爲羊者。今加考正，間有不可稽考者，姑從之，以俟博物君子焉。

新增凡例

一、《格古要論》創始於雲間曹明仲，編校於雲間舒志學，是編合舊本二本而録之，亦格物致知之事也。一本得之前欒成侯公子李莊，篇目頗多，而脱誤殊甚。一本得之同寅主事常熟孫紀，篇目略於前本，而脱誤亦多。二本古碑法帖纔二十一條，而陝西及各處碑帖，則全不及録。二本古善畫者略載十二三人，今各增入。

一、二本目録，始末不同，佐謂物莫古於琴書，在學者所當先務。今是正之，以琴書列於卷首，而以畫次於金石遺文法帖題跋之後云。

一、舊二本俱分爲五卷，今以古琴論爲首卷，古墨跡論分爲上下二卷，名公題跋，以類而入，若歐、曾二公金石遺文、法帖題跋，又自爲一卷，餘皆仍之，而事實則加詳舊本焉。

一、文房四寶，皆儒生日用而不可缺其一者，若歐公《硯譜》，則參入七卷，《古硯論内》又作《文房論》以補其遺，自爲一卷云。

一、唐、宋以來，誥敕體式題跋、先正書押，皆吾儒之所當考究，列爲一卷。

一、傳國玉璽、功臣鐵券、教令、服帶、紫金魚袋與夫民生耕織之事，宋、元宮殿之制，皆不可不知，作《雜考》一卷於其末云。

一、是編古琴、碑帖、畫品、文房，皆參以《事林廣記》、歐陽公《硯譜》及天臺陶九成《書史會要》、吴興夏士良《圖繪寶鑑》，并佐家藏古碑法帖目録及所見聞者，與夫名賢題跋考究，以類增入於後。其續增者注曰後增，其新增者注曰新增，或只注增字，舊本則不注。

一、金石、珍寶、器物之類，亦各隨所見聞以類增入。

一、是編自景泰七年丙子夏四月中旬，得李、孫二公舊本，至其秋七月考校增完。又至天順三年己卯夏四月上旬，欲命工鋟梓，點校始完。

新增格古要論卷一

古琴論

斷紋琴

古琴以斷紋爲證，不歷數百年，其紋不斷。然斷紋有數等類，有蛇腹斷，其紋横截琴面，相去或寸許，或寸半，一作半寸。有細紋斷如髮千百條，或有背面皆斷者。背一作底。

又有梅花斷者，其紋如梅花頭，此爲最古。琴雖古而有斷紋者，不精實脆透。及有病者，亦不爲奇也。

僞斷紋

用琴於冬日内曬，或以猛火烘琴極熱，以雪罨音奄。激裂之，然漆色還新。又有入雞子白灰内，漆後以甑蒸之，懸於燥處，自有斷紋，此皆僞者。

唐宋琴

唐時有雷文、張越二家，製琴得名。其龍池、鳳沼間有舷，餘處悉窪，令關聲而不散。

宋時置官局製琴，其琴俱有定式，長短大小如一，故曰官琴。但有不如式者，俱是野斲，宜仔細辨之。

古琴色

古琴歷年既久，漆色一作光。盡退，其色如烏木，此最奇古也。

古琴樣

古琴惟有孔子、列子二樣琴合古製。若太平古琴，以一段木爲之；近有雲和樣者，其樣不一，皆非古製也。

製琴法見《事林廣記》。新增。

造琴之法，木用陰陽，取其相配以召和也。桐木屬陽，以爲琴面，梓木屬陰，以爲琴底。面圓象天，底方象地。長三尺六寸，象三百六十日，合十三徽以應律呂，象十二月，中徽爲君，以象閏也。

《帝王世紀》曰：炎帝作五絃之琴，以應五音。《記》曰：舜作五絃琴，歌南風。桓譚《新論》曰：神農氏始削桐爲琴，繪絲爲絃。又曰：周文王、武王各加一絃，乃爲七絃，謂之文絃、武絃。

焦尾琴新增

漢吴人有燒桐爨者，蔡邕聞火烈聲，知其良材，請以製琴，果有美音。而尾猶焦，故曰焦尾琴。

古琴陰陽材增

古琴有陰陽材，蓋桐木面日者爲陽，背日者爲陰。不論新舊桐木，置之水上，陽必浮，陰必沉，反復不易。陽材琴旦濁而暮清，晴濁而雨清。陰材琴旦清而暮濁，晴清而雨濁，此可驗也。或云桐木近寺觀者佳，以其旦暮受鐘鼓之聲故耳。

純陽琴增

底面俱用桐木，謂之純陽琴，古無此製，近世爲之。取其暮夜陰雨彈之，聲不沉，然必不能達遠，聲亦不實也。

琴有五不彈見《廣記》。新增。

疾風甚雨不彈。廛市不彈。對俗子不彈。不坐不彈。不衣冠不彈。右五者，所以尊聖道而盡琴之理也。

百衲琴後增

嘗見一琴，是列子樣者。其面闊一寸許，桐木條以漆膠成，斷紋尤多。彈之聲如常，亦無節病。

列子琴今不可考。

佐按：桐木是枯桐木，最輕，近寺觀聞鐘聲者最佳。

琴桌後增

琴桌須用維摩樣，高二尺八寸，此樣一有可入漆於桌下。可容三琴，長過琴一尺許。桌面用郭公甎最佳，瑪瑙石、南陽石、永石尤佳。如用木桌，須用堅木，厚一寸許則好，再三加灰漆，以黑光爲妙。

佐嘗見郭公甎，灰白色，中空，面上有象眼花紋。相傳云，出河南鄭州泥水中者絕佳。多有僞作者，要當辨之。甎長僅五尺，闊一尺有餘。此甎駕琴，撫之有清聲，泠泠可愛。

格琴要訣見《廣記》。新增。

古琴冷而無音者，用布囊砂罨，候冷，易之數次。而又作長甑，候有風日，以甑蒸琴，令汗溜，取出吹乾，其聲仍舊。

琴無新舊，常宜置之牀上，近人氣。被中尤佳。

琴絃久而不鳴者，綳定一處，以桑葉捋之，鳴亮如初。大凡蓄琴之士，不論寒暑，不可放置風露中及日色中，止可於無風露陰暖處置之。

新增格古要論卷二

古墨跡論上

真行草書墨跡

真、行、草、書墨跡之法，姜白石《書譜》論之備矣。凡辨古人墨跡，當觀其用筆，雖體製飄逸，典重不同，其法一也。如真書，宜逐筆折處看，不可全以體製紙色言也。

響搨

響搨僞墨跡，用紙加於碑帖上，向明處，以游絲筆圈却字畫，填以濃墨，謂之響搨。然圈影猶存，其字亦無精采。

古墨跡紙色

古墨跡紙色，必表古而裏新。贋作者用古紙浸汁染之，則表裏俱透，微揭視之，乃可見矣。

古紙後增

北紙用横簾造，紋必横，其質鬆而厚。南紙用豎簾造，其紋亦豎。晋二王真跡，多是會稽豎紋竹紙。唐有麻紙，其質厚。又有硬黄紙，其質如漿，光澤瑩滑，用以書經，故善書者多取其作字。今有二王真跡，用硬黄紙，皆唐人倣書之也。五代南唐有澄心堂紙，絶佳。宋有澄心堂紙、觀音紙，匹紙長三丈。又有綵色粉牋，其色光滑，蘇東坡、黄山谷多用之作字。元有綵色粉牋、蠟牋、綵色黄牋、花牋、羅紋牋，皆出紹興，又有白籙紙、觀音紙、清光紙，皆出江西。趙松雪子昂、巙子山、張伯雨、鮮于樞伯機書，多用此紙。又有倭紙，出倭國，以蠶繭爲之，細白光滑之甚。皇明内用紙如前元，但江西西山紙最高。

佐見高麗繭紙，細白光滑，又勝於倭紙，厚又加倍。咨禮部咨文可見。

古帖難辨

唐蕭誠僞爲古帖，示李邕曰，此右軍真跡也。邕忻然曰，是真物。誠以實告，邕復視曰，細看亦未能好。疑作辨。以此論之，古人墨跡，未易辨也。

古碑法帖

南北碑紙墨

北墨多用松煙色青，北紙横紋，其質鬆厚，不甚染墨，拂之如薄雲過青天，凡北碑皆然，不用油蠟。南碑用油煙墨，墨色純黑，用油蠟打碑文，贗墨皆倣此。

蘭亭帖後增

蘭亭帖，世有定武本爲第一，金陵清涼本爲第二。其定武本，薛珦作帥，別刻石易去。宋宣和間於薛珦家取入禁中，建炎南渡，不知存亡。清涼本，洪武初因寺廢入官。其石留天界寺，住持僧金西白盜去。後事覺，其僧繫獄死，石亦不知存亡。

宋姜堯章蘭亭偏傍考番陽人，新增。

「永」字無畫，發筆處微轉折。「和」字口下橫筆稍出。「年」字懸筆上湊頂。「在」字左人反剔。「歲」字有點在山之下，戈口之右。「事」字脚斜拂不挑。「流」字内厶字處，就回筆，不是點。「殊」字挑脚帶橫。「是」字下疋三轉不斷。「趣」字波略反卷向上。「欣」字欠右一筆，作章草發筆之狀，不是捺。「抱」字已開口。「死生亦大矣」，「亦」字是四點。「興感」，「感」字戈邊是直作一筆，不是一點。「未嘗不」，「不」字反挑脚處有一闕。

右法如此甚多，略舉其大概。持此法，亦可以觀天下之《蘭亭》矣。五字損本者，「湍」「流」「帶」「右」「天」五字有損也。已上俱見《書史會要》。

跋蘭亭五字損本新增。元黃文獻公。

宋景定咸淳間，賈氏似道柄國，定武舊刻流落人間者少甚，不以資其清玩。嘗俾其客寥寺丞，參校諸本異同，擇其字之尤精善者，輯成一帖。命婺之良工王用和刻之，經年乃就，尋補用和勇爵以酬其勞。其石後歸京師，今在故執政吴公家。此本有悦生堂印，必嘗備選擇者，可寳也。金華黃溍晋卿跋。

唐太宗得蘭亭真本始末及寳武翻刻石本新增。盧陵曾宏父。

永和九年暮春，王右軍與親友四十二人，修禊於蘭亭。揮毫製序，興樂而書，遒媚勁健，謂有神助。醒後連日再書數十百紙，終不能及。右軍自珍愛之，祕藏於家。七傳而至智永，子徽之派也，舍俗爲僧，居越之永欣寺。以其手臨真草《千文》八百餘本，散施浙東諸寺，《蘭亭序》則以授弟子辨才。俗姓袁，梁司空昂之玄孫。辨才寶愛此帖，藏之寢室梁上，置匣以貯之，人所罕見。唐太宗酷好二王書，聚真跡幾三千六百紙，暇日與魏徵論二王書法。徵曰：「右軍存日，自喜者《蘭亭序》，今在辨才所。」太宗欲即取之，徵曰：「辨才寶此，過於頭目，未易遽索。」後召至長安，因作贋本以示之，辨才曰：「右軍作此三百二十五字，夢天台白雲子傳授筆訣，以永字爲法，深恨所收真跡，兵火之餘，求之不獲。」上留辨才，而密遣搜訪，但得智永《千文》以歸。繼辨才託疾還山。房玄齡薦御史蕭翼，負才藝，多權謀，必能稱。蕭翼，梁元帝曾孫也。太宗以命之，翼曰：「若作公使，義無可得之理，願得二王雜帖三數通，間行以往。」太宗給之。翼遂易冠微服至湘潭，隨客舟至越。潦倒真得山東書生體，每旦必入永欣寺觀畫壁，過辨才院，則休於門。辨才見之，問曰：「何處檀越？」翼答之北人。寒暄纔畢，語意投合，延入圍棋撫琴，握槊談文，情甚相得。便留夜飲，設缸面新篘。江東云缸面，猶河北甕頭新醖也。酒酣，探韻賦詩，辨才得來字，詩曰：「初醖一缸開，新知萬里來。披雲向落莫，步月共徘徊。夜久孤琴思，風長旅雁哀，非君有祕術，誰照不然灰。」翼得招字，詩曰：「邂逅款良宵，殷勤荷勝招。彌天俄若舊，初地豈成遥。酒蟻傾還泛，心猿躁自調。誰憐失羣翼，常苦業風飄。」妍媸略同，彼此諷詠，自恨相知之晚。綢繆踰月，翼示以乃祖手書《職貢圖》，辨才歎賞不已，因談論翰墨。翼曰：「先世皆傳二王楷書法，自幼耽玩，亦有數帖自隨。」辨才欣然，約以明日攜至。如期而往，熟視數過，曰：「是則是矣，非得意時書，貧僧有一真跡。」翼曰何帖，答以《蘭亭》。翼佯笑曰：「數經亂離，真跡豈在。」辨才曰：「先師寶惜，臨終親付於吾，付授有緒，明旦來看。」翼至，自梁上匣内出之。翼見，故指瑕摘纇，分競不定。自示翼之後，不更置梁上，并翼二王帖借留几間。辨才時年六十餘，日臨數過，老而彌篤。翼往還既密，辨才偶出赴嚴遷家齋，翼來謂守房弟子曰，忘浄巾在内。乃爲撤關。遂取《蘭亭》并二王帖函出，於永安驛呼驛長凌愬告曰：「我是御史，奉墨敕在此，可報汝都督。」齊善行馳至，則宣示墨敕。辨才時猶在嚴遷家，聞命不知所以，見所謂御史者，乃翼也，聞取帖，驚倒僕地，久始甦。翼遂奉帖馳驛以進，太宗大悦，擢爲員外郎，賜以金縷瓶、瑪瑙碗、良馬、莊宅。以玄齡舉得其人，賜綿綵千段。始怒辨才慳吝不與，數日後，仍賜物三千段，穀三千斛。辨才不敢自私，施於寺，建塔三級。帝得帖，命馮承素、韓道政等各搨數本，分賜皇太子諸王近臣，而一時能書如歐、虞、褚諸公，皆臨搨相尚。貞觀二十三年，太宗不豫，幸玉華宫含風殿，命太子治以《蘭亭序》從葬昭陵矣。今馮承素等所搨之本在者，一本尚直錢數萬也。

右見《法書要録》，何延年《蘭亭記》、《尚書故實》并唐野史。《蘭亭序》梁亂出外，陳天嘉中，爲僧智永所得，至大建中獻宣帝。隋平陳，帖歸晋王，王不愛之，僧果從王借搨，及登位，終不求索。僧果死，辨才得之，太宗爲秦王，因見搨本，知在辨才處，遣蕭翼取之。武德四年，入秦府，貞觀十年，始搨以分賜近臣。若錢鏗後人希白所撰《南部新書》，則言太宗在秦邸時，歐陽詢就越祚求之，武德四年入秦邸，及搨本以送辨才。趙景安《雲麓漫抄》引唐野史載，智永所居之寺曰雲門。《會稽志》則云，智永與其兄惠欣本住郡之嘉祥寺，右軍舊宅也。梁武以二僧能從釋教，合二名改賜額永欣云。

處士鄭元素，温韜之甥，隱廬山青牛谷四十餘載。自言從韜發昭陵，入隧道，至玄宮，見宮室制度，宏麗幽深，殆類人世。正寢東西廂皆設石榻，上列石函，中有鐵漆匣，悉藏前代圖書及鍾、王墨跡，祕護謹密，紙墨如昨。盡爲所掠。韜死，不知流散之所。

右見鄭工部所編《南唐記》。

唐太宗詔供奉臨《蘭亭序》，惟率更令歐陽詢自搨之本奪真，勒石留之禁中，他本付之於外，一時貴尚爭相打搨。禁中石本，人不可得，石獨完善。石晋不綱，契丹自中原輦寶貨圖書以北，至殺胡林。德光死，永康立國，乃交兵，遂棄石而歸。慶曆中，李學究者得之，韓忠獻壻也，始以墨本示公。公索石觀，李瘞之地中。李死，其子出石，始售於公，本必千錢，由是好事者稍稍得之。後李氏子負官緡無償，時宋景文公守定武時，以公帑金代輸，取石匣藏於庫，非貴遊交舊，不可得也。熙寧間薛師正出牧，求者沓至，薛惡其摹打有聲，乃刊別本於外，多持此以惠求者，此郡真贋已有二刻矣。其子紹彭，又摹之他石，潛易原刻，暗以自別，遂於古刻「湍流帶左右」五字，各劖損一二筆爲識。或又謂古跡「仰」字如針眼，「殊」字如蟹爪，「列」字如丁形。又云字微帶肉，乃唐古刻。大觀中詔取此石於薛氏家，其子嗣昌納進御府，徽廟龕置宣和殿。金狄之亂，不知所在。

右見何子《楚跋語》。若滕章敏公則謂有遊士攜此石走四方，後死於定武營妓家，伶人孟水清取以獻，是石本歸諸定武。雖有六説，然皆宋景文公守郡日也。

薛紹彭既易定武石刻，祐陵取入，龕置殿閣，靖康之亂，金人盡取御府珍玩以北，此刻非虜所識，獨得留焉。宗汝霖爲留守，見之，并取内帑所掠不盡之物馳進。高宗時駐蹕維揚，日置左右，踰月，虜騎大至，倉卒渡江，因此竟復失之。向子固爲揚帥，高宗嘗令冥搜之，竟不獲。

右見王明清《揮麈録》。宏父嘗瞻高宗御札二本：一則付孟庾，令於會稽向子固家取索米芾所跋《蘭亭序》；一則付還，疑即尋訪定武石本，二宸翰孟之子以與腴莊張履，履以畀宏父，敬勒石在前。又觀王大醇詩有云：「昭陵永閟千年跡，定武相傳幾様碑。此是中原舊時本，石今焉往落東夷。」又未知何所憑據。宏父創鳳山書院於廬陵，去郡城遠不二三里，深得林泉之勝，雖夏旱冬涸，滂流自如。稍東即泉所發源地，鑿石引水爲池，漾流杯池，置亭其上。友人維揚倅朱行父，以引流間拉十數親友，緬蹈前躅，因刊禊圖，并考訂所以，就爲小詩，題贅於後。時淳祐改元，歲次辛丑，斗柄插亥，上澣甲子日也，鐫石於廬陵鳳山别墅。曾宏父謹識。

暮春浴罷振春衣，正是流觴修禊時。世事藏機應落落，人情忘我總熙熙。醉能辭醉元非醉，詩到無詩乃是詩。偉矣蘭亭衆君子，不將文字立藩籬。

一十一人詩兩篇成，一十五人詩一篇成，一十六人詩不成，各罰酒三觥。

河南周府蘭亭禊圖考新增。王佐。

周王府永樂十五年新刻《蘭亭序修禊圖》并詩文考證共一卷，絶佳。睿翰亦甚勤矣，其前五序，一臨定武的本，一定武肥本，一定武瘦本，一褚遂良摹本，一唐太宗摹賜本，圖後自製跋語。其圖蓋摹李公麟所畫，而翻白尤多，比山陰禊圖稍細密。圖後有天台孫綽後序，序後有唐柳公權、宋米元章跋語，宋高宗行書付孟庾二帖，俱旁注宋高宗御寶。又其次有唐太宗得蘭亭二跋及定蘭亭審訣詩歌、曾宏父詩。又載姜堯章《蘭亭偏傍考》，又載《十七帖辨》，蘭亭旁注僧字不是曾字之誤。末有殿下所跋蘭亭諸説，識以蘭雪軒、東書堂圖書記二圖書。蓋此圖精緻，得之者多自閟藏，後生小子，或未之見，因并書之，以示來者。天順改元歲丁丑春三月，吉水王佐書。以下皆河南本。

右王羲之修祓禊帖，爲古今書法第一。自唐以來，摹搨相尚，各有不同，而傳之久遠者，惟石刻存，故後世有定武、褚遂良諸家，不啻數十本，贋者尤衆，惟以定武本爲逼真，其他亦有可觀者，予閱之頗多。今以定武本三，褚遂良本一，唐摹賜本一，刻之於石，復書諸賢跋，倣李伯時之圖，兼禊帖諸家之説，共爲一卷。讀書之暇，惟自以爲清玩，非敢遺示於人以爲楷式也。永樂十五年歲在丁酉，七月中澣書。

蘭亭後序天台孫綽：古人以水喻性，有旨哉，非所以淳之則清，淆之則濁耶。故振轡於朝市，則充屈之心生，閒步於林野，則寥落之意興。仰瞻羲唐，邈然遠矣，近詠臺閣，顧探增懷。聊於曖昧之中，期乎瑩拂之道。暮春之始，禊乎南澗之濱，高領千尋，長湖萬頃，乃藉芳草，鑑清流，覽卉物，觀魚鳥，具類同榮，資生咸暢。於是和以醇醪，齊以達觀，快然兀矣，焉復覺鵬鷃之二物哉。耀靈縱轡，急景西邁，樂與時去，悲亦繫之。往復推移，新故相換，今日之跡，明復陳矣。原詩人之致興，諒歌詠之有由，文多不載，大略如此。所賦詩亦裁而綴之，如前四言五言焉。

柳公權狀：《蘭亭詩》兼公權續得者，亦封上。伏惟檢領入篋，餘冀面話，不次。十二日，公權狀上給事閣老閣下。青標擬换却舊者，謹白。

米元章跋：右唐中書令河南公褚遂良所搨晋右將軍王羲之《蘭亭晏集序》，并諫議大夫柳公權所得羣賢詩，御史檢法李公麟製圖，皆駙馬王晋卿家所藏，所謂三絶。崇寧三年六月十五日，襄陽米芾書。

宋高宗御札：二俱行書。孟庾任參知政事、行宫留守。聞知會稽縣向子固有褚遂良所臨《蘭亭序》，後有米芾題識，卿可取進來，欲一閱之，十一日付寶。孟庾押。《蘭亭序》寶。却付卿，二十四日押。

一劉餗嘉話蘭亭序：云云，見前《法書要録》。王羲之嘗書《蘭亭會序》，隋末，廣州好事僧有三寶，寶而持之，一曰《蘭亭書》，二曰神龜，以銅爲之，腹受水一升，以水貯之則能行。三曰如意，以鐵爲之，光明洞徹，色如水晶。唐太宗特工書，聞右軍之蘭亭真跡，求之，得其他本。若第一本，知在廣州僧，而難以力取，故令人詐僧，果得其書。僧曰，第一寶無矣，其餘何愛，乃以神龜、如意皆棄之。右見《紀聞》并《書斷》。唐太宗詔供奉云云，見前。

大醇詩有云：「昭陵永閟千年跡，定武猶存幾樣碑。碑是中原舊時本，石今焉往落東夷。」右見曾宏父識。

定蘭審定訣，我生適癸丑。倒指十四周，中間幾今古。沿革難泝流，長歌繫顛末。後山無與儔，區區訪寡陋，欲陳良贅疣。書家一辭稱定本，審定由來有要領。氈墨或因三疊紙，針爪天成八段錦。中古亭列九處剜，最後湍流五字損。界畫八粗九更長，空一尾行意不盡。歐公集古莫之珍，道祖懷璧西歸秦。雲林寶晋最博雅，肉骨喻借修江人。近世王尤號多識，肥瘦聚訟徒紛紜。手追賴有吴姜畢，粗於斯文能寫真。真僞要區別，驪黄俱小節。摹拓偶濃淡，豈足病奇絶。取玉棄木石，貴完次剥缺。鑒裁當精深，副以右方訣。右見曾氏跋尾詩句。

又：《十七帖》中，遠想慨然孔琳之帖恨恨脚中轉劇等字，本皆側注，後人摹以入行，雖失格體，猶於理未害。至於讀《蘭亭序》者，以「不知老之將至」，傍一「僧」字爲逸少作「曾」字之誤，借使入行中，則害理矣。按古《蘭亭序》本二十八行，至十四行特闊者，蓋紙接尾，而不與「知」字適在此行之末。梁舍人徐僧權於其傍著名，當時謂之押縫，梁御府法書，率多如此。此帖「僧」字下失其「權」字，近世人殊不知此，乃云「僧」者「曾」之誤，因讀爲「曾不知老之將至」，今非也。又按《晋史》逸少本傳及《書録》，皆載此序，而序中并無「曾」字，蓋可是正耳。右見黄伯思《法帖刻誤》并《法書廣録》。

右《蘭亭》諸説，今擇其言當者録於此，其他詰辭所論，皆不紀之。愚以爲書學之工，亦小道耳，誠不必留意於此，要當寓意以適情興，志於臨池之學者又當知之。

偶乘秋涼，以蘭亭諸説書此卷末。復久不作楷，殊愧庸俗，但欲識其事，誠未暇較其工拙耳。七月二十五日。

天順改元丁丑夏四月初吉，吉水王佐謹録之於此。

跋蘭亭圖新增。金華黃溍晉卿。

右《蘭亭圖》，趙千里作。永和禊集四十有二人，其不見於史傳者，世或莫知其姓名，千載之下，乃有能摹寫其儀刑風度，以補史氏之闕者，非直可資一時之清玩而已。李伯時有《觴詠圖》，好事者已爲刻石以傳。此圖纖麗微密，雖有善工，亦未易刻，尤可貴也。

跋唐西臺御史蕭翼賺蘭圖後新增。宋濂。

予幼時聞文皇遣蕭翼賺《蘭亭序》於辨才事，頗疑之，以爲文皇天縱人豪，未必爲是瑣屑也。及覽劉餗傳記云：《蘭亭序》因梁亂流落人間，陳天嘉中爲僧智永所得，至大建中獻之宣帝。隋平陳，又獻之晉王廣，即煬帝也。帝不之寶，僧智果從帝借搨，及登極，竟不從果索。果死，弟子辨才獲焉。文皇爲秦王日，見搨本驚喜，乃貴價市義之書，《蘭亭序》終不至。及知在辨才處，使歐陽詢求得之，以武德二年入秦王府。由此而觀，辨才之師乃智果，非智永，求《蘭亭序》者乃歐陽詢，非蕭翼也。汝陰王銍性之采餗所載，謂餗父子世爲史官，是正文字，尤精其言，當不妄詆蕭翼之事，鄙妄狹陋，僅同兒戲。且云秦邸不能遺臺臣，文皇始定天下，威震萬國，尫殘老僧，何敢靳一紙書，其意心相合。予疑於是頓釋。或者謂辨才所居雲門寺，有翼留題二詩，胡、曾、黄三公，皆信而不疑，此固不足取以爲據。至若閻立本繪「辨才以翼圖」，則出於何延之等傅會，謂爲立本當時之所親見，尤非也。今閲此卷，遂執筆詳識如此，年耄神昏，未必能中乎理，又俟博雅君子定之。

記蘭亭觴詠圖新增。金華宋濂景濂。

《蘭亭觴詠圖》一卷，相傳李公麟所畫。觀其運意狀物，極有思致，似非公麟不能。先畫蘭亭一所，俯臨清流，上甚幽静，四面皆簾，簾半捲，旁周欄楯中設方几。几上研、墨各一，紙三，二成軸，一布几間。有美丈夫坐几後，冠竹籜冠，服大布衣，右手操翰，冥然若遐思，疑羲之草序時也。後列二童，一侍側，一吹火爇鼎，鼎水沸，將瀹湯。前一童傍欄睆溪，溪中白鵝三，一去，一返顧，一飛起波面，廁二鵝間。溪上皆崇山峻嶺，布衣自中出，三級水西置酒尊四，一童左手執袂，右入尊酌酒，一童執觴，一童執壺，夾左右立。尊前有案，列觴五，觴各有舟如荷葉，一童執觴流於溪，一童傴立其後，舉觴次第授之，旁有小挺，觴泊岸，觸之使逝。又西有石磴，磴上覆舟一，列觴三，一童執壺注觴中，一童取酒盜飲。次畫郡功曹魏滂，右將軍王羲之，滂左執卷，回顧羲之，伸右手欲索卷觀。羲之左持卷授滂未授，右執翰凝視，若將塗竄，然風流之狀，猶可髣髴想見。次畫散騎常侍郗曇，左右手展卷自誦。次畫滎陽桓偉、餘杭令謝藤。偉坦腹坐，左手掀髯，氣甚豪，右執卷，倚大帶間藤，解襟盤礴，詩思久未屬，握拳作欠伸勢。次畫侍郎謝瑰，左持卷當膺，右握翰撫膝上。次畫王凝之、潁川庾友、王渙之。凝之袒兩肩，左手垂硯側，右執卷授友。友袒如凝之，方軸紙作卷，卷末紙參差，以掌齊之。渙之袒如友，兩手抱膝微吟。次畫行參軍事丘旄，袒裼如渙之，伸一足坐，舉手取觴飲。次畫餘杭令孫統、琅邪王友謝安、行參軍曹茂之、府主簿任凝。統翹左足，交兩手著膝。安翹右足，左手壓硯，令不動，右揩墨作汁，二人相向坐。茂之兩手執紙直垂，展轉軸之。凝袒衣露左臂，壓膝上，翹一足如統，旋首顧茂，目光炯然。次畫左司馬孫綽，斂衽危坐，若泊然無所爲者。次畫潁川庾藴，年甚耄，坐久思起，右手據地，一童挾左臂扶之。次畫行參軍楊模，衣半袒，單足起立，屈一足，揚雙袖向前，翩翩如舞。次畫王獻之、王肅之、鎮軍司馬虞説、任城吕系、府主簿后緜。獻之襟紐半敞，垂右手著地，左按膝。肅之困睫不可擊，一手撚紙作針，刺鼻令嚏。説袒半衣，兩手展卷讀。系向説，右手據席，左統出臂後閣膝上，臂露者半，俯身就説作聽狀。緜足心，并翹一足，兩手持卷夾膝，身微側。次畫參軍孔盛，坦腹仰面視霄漢，翹一足，左持卷枕膝，右據地，傍一童伏溪岸，以小挺致觴，欲飲盛。次畫參軍劉密，袒衣坐，左手執袂，右入水，微波動，指間前有觴，泛流而下，欲取之，旁有覆觴流出。次畫王玄之、永興令王彬之、郡五官謝繹、王徽之。玄之展卷斜視，露左手，右不見。彬之與玄之對，袒肩坐，伸手借卷。繹亦袒垂左臂，右執翰壓臂，臂癢將搔之。徽之左擎卷至顴，右操翰，欲寫未寫。次畫府功曹勞夷、行參軍徐豐之。夷、豐之相向，夷左執觴，右手夾觴側，若獻豐之。豐之面仰視，揎音宣，捋也。袖至腕上，勢粗甚，右手向身北取觴，似欲酬夷者。次畫長岑令華耆，右執觴，未飲，左撚髭旁睨豐之，洋洋有喜色。次畫徐州西平曹華，右執卷側身欲讀，左手隱。次畫王蘊之、鎮國大將軍掾卞迪、司徒左西屬謝萬、彭城曹諲、任城吕本。蘊之箕踞坐，交臂兩膝間，一握拳，一舒掌，掌覆拳背。迪半欹，舉手迎觴欲取。萬肩半袒，左按紙，右在肘下，側目視迪。諲伸右足，左持觴顧本。本翹一足，屈臂拄膝，持翰貼耳上，頭微仰，若苦吟者。次畫上虞令華茂、山陰令虞谷、中軍參軍孫嗣。茂袒背，右執翰，垂下欲擲，轉首共谷語。谷袒衣與茂同，右持觴浮茂。嗣拊掌大笑，一足踞。次畫陳郡袁嶠之、行參軍王豐之。豐之展卷抑首讀，背微傴。嶠之雙掌相向舞，似對之擊節者。次畫二垂柳夾石橋，橋有扶欄，二童度橋上，一持器，疑貯觴者，一倚欄，戟手指溪中。溪左右各一童，操小挺，邀觸舟收之。其側有覆觴二，舟两，别有一童出柳下，身半露。自蘭亭至石橋，溪水詰曲，流如龍奔，溪右二十人，溪左二十有二人，其中冠者十有二人，巾者三十人，衣皆褒加紳，各地坐，藉以方裀，或熊虎皮，研、紙、墨、筆各具。有詩者各繫人傍，两篇成者十有一人，一篇成者十有五人，不成者十有六人，其狀人人殊，誠可謂善畫者已。今去永和癸丑，不啻千有餘年，計其一時人物之盛，清標雅致，浮動於左尊右俎間，猶可即此圖以想見其事。然而俯仰今昔，時異世殊，崇山峻嶺，固不改於舊，而昔人果安在哉？後之人欲見不可得，徒想像於圖畫中，亦足悲矣。噫，世間萬事，往往如是，何足深道，唯辭章勞烈，足以傳世於無窮，其人雖死猶不死也，如王、謝諸人是已。使公麟復生，尚得描貌之乎？予見此卷於友人家，因借歸記其事如右。時一觀焉，則有不勝感慨者矣。

定武蘭亭跋新增。國子祭酒南昌胡儼若思。

王右軍《蘭亭序》，世傳書用蠶繭紙，鼠鬚筆，遒媚勁健，絶代更無。凡二十八行，三百二十四字，字有重者，皆搆别體，其時若有神助。及醒後，他日更書數十百本，終無如祓禊所書者。右軍亦自珍愛，留付子孫，傳至七代孫智永，即第五子徽之之後，掌其書。至唐，弟子辨才爲蕭翼紿而取之，太宗尤用寶惜，從葬昭陵。唐末之亂，昭陵爲温韜所發，其所畫皆剔取其裝軸金玉而棄之，於是魏、晋以來諸賢墨跡，遂復流落人間。宋太宗時，購募所得集爲十卷，搨摹傳之，數以分賜近臣，今世所傳法帖是也。然《蘭亭》真本亡矣，故不得列於法帖以傳世。今傳世獨以定武本爲冠，而所傳亦不一。一云唐太宗以真跡刻置學士院，後宋梁徙於汴，耶律德光載歸棄於鍾山，士人李學究得之，埋土中，以别刻獻韓魏公。李没，其子出之，宋景文公買置公帑，薛向子紹彭載歸長安，以别刻置公帑。大觀中就薛氏取置宣和殿，靖康之變，金人以紅毯載取而歸。一云唐太宗既得辨才真跡，令趙模等摹十本，賜方鎮，定武以玉石刻之。一云江左所傳，會稽石也，錢氏歸朝，定武富民買之以歸。一云自薛向作帥，别刻石易去，於原石鐫損「天」「流」「帶」「右」四字以惑人。然定武又自謂有肥瘦二本，而鐫損者乃瘦本，爲真定武。後復州以真定武本重摹，亦鐫損四字，其字極瘦，王順伯、尤延之爭辯如聚訟，然瘦本風韻竟勝。而瘦本之石，宣和間就薛向家宣取入禁中，龕於睿思殿東壁。建炎南渡，宗澤遣人護送此石至維揚，虜至維揚，不知所在。或云金人氈裹車載之而去。其所傳顛末不同，大概如此。詳見後佐跋。今此本其來甚遠，永樂四年五月余始得觀之，較他本定武筆法差瘦，殆所謂有風韻者。今觀

「天」「流」「帶」「右」四字具存，當是定武初刻未鐫損時本也。鄉里前輩，凡論褉帖，必以此爲言，信知其可寶也。

蘭亭諸帖記新增。胡儼。

復州裂本，首六行斜裂，第一行闕「會」字，又「永」字與二行「會」字，三行「畢」字，四行「修」字，五行「爲流」二字，六行「絃」字，正當裂處。十三行「因」字内改筆作小仲字，十七行「向之」字差大，二十五行「視昔」下二字作圈，「夫」字上露初也字，末行文字稍重。乃景陵郡齋舊物，湮没民間，宋紹興丁丑郡守何文度搜訪得之。

豫章裂本，首行闕「會」字，第二行「亭」字，第三行「羣」字，第六行「列」字，第七行「幽」字，第九行「勝」字，俱有闕白。又第九行「觀」字，第十行「以遊」二字，十一行「樂也夫」三字，十二行「抱悟言」三字，十三行「形骸之外」四字，十四行「其欣」二字，正當裂處，餘同復州本。

江州裂本，首行闕「會」字，第五行「湍」字，第六行「坐其」二字，第七行「詠亦」

二字，第八行「清惠風」三字，第九行「之盛」二字，正當裂處，餘同復州本。

鄱陽汪相家裂本，首行闕「會」字，第二行「亭」字，三行「羣」字，四行「流激」字，七行「幽」字，九行「盛」字，十二行「内」字，十七行「隨」字，十八行「猶」字，廿二行「若」字，廿三行「生」字〔一〕，皆有闕白。又其裂處正與豫章本同，後有圖書二，一云「忠衛社稷之家」。

處州劉涇本，云是巨濟刻家藏絹本，首行「會」字全，末題摹家本留刻仙都，又題紹聖丁丑蜀人劉涇，字皆全，惟第三行「畢」字闕白。

石氏肥本，云是石熙明摹刻，石首亦闕「會」字，筆劃雖肥，而意度亦有可取。

不知處本首行亦闕「會」字，其中多細裂，而意度亦好。

淡墨本，前八行横裂，第一行「暮」字，二行「亭」字，三行「咸集」字，四行「有」字，五行「流」字，六行「管」字，七行「幽」字，八行「暢仰」字，正當裂處，又十七十八行有細裂文，其原不知何處。

劉無言本，首行亦有「會」字，筆勢稍活動，當是重刻褚本。褚本在宋時初藏蘇氏，米元章以名畫易得之，極爲寶愛。後嘉熙庚子，西秦張澂清淑摹勒上石，不知無言何時又重刻也。

永嘉本，云是智永臨寫，宋紹興間太守程邁刻置郡齋。筆勢雖縱逸，而未免失真。首行「會」字亦全，末有孫綽後序，是唐乾封二年僧懷仁集書，又有秦檜、吴傅朋題識俱在。

北京本，近出天師庵土中，規摹意度，與豫章本略同。今在北京國子監中。

右《蘭亭》諸本，當以復州本爲勝，次豫章本，次則劉無言重刻本，次北京本，其他皆不及也。豫章胡儼記。

蘭亭摹本字考新增。王佐。

各處摹本《蘭亭》石刻，「癸丑」二字略小而相連，「崇山」二字傍注「因寄所託」，「因」字中改「曾」，不知「曾」字傍注作「僧」字，「向之」二字，痛哉「痛」字、悲夫「夫」字、斯文「文」字皆改，而筆劃重視，「昔之」下圈去二字。《東觀餘論》云，《晋史》逸少傳無「曾」字，乃是徐僧權得之，用名字小印押縫耳，歲久止存「僧」字，後人不知，誤爲「曾」字脱落，增添此字耳。因并記之，王佐識。

蘭亭定武本跋新增。王佐。

定武本，是唐率更令歐陽詢信本，以《蘭亭》真本臨摹，最爲逼真，太宗愛之，刻石置禁中，詳見何子楚跋語。宋慶曆中，宋景文公祁守定武，得之於韓忠獻公琦之甥家，匣藏於庫，故世傳曰定武本。熙寧中，薛師正出牧定武，别刻一本於外，以應求者，於是定武本真贋有二刻石矣。其子紹彭，又摹刻他石，潛易定武真本，於石刻上暗劖「湍」「流」「帶」「左」「右」五字各一二筆，以私識之，世因又號曰五字損本。大觀中，紹彭之子嗣昌以進，徽宗龕置宣和殿。靖康之亂，金人不知此石刻之可寶也，獨得留焉。宗澤汝霖時爲留守，入内帑，見此石刻，取以馳進，高宗時駐蹕維揚，日置左右，踰月，虜騎大至，倉卒渡江東，竟失此石。札仰揚帥向子固冥搜不獲。國朝宣德四年，两淮鹽運使金華何士英偶得之民間，一面肥本，一面瘦本。九年秋，佐録囚至淮上，士英以數本見貽，瘦肥本果劖損五字，異於衆碑，佐信其爲定武原本也。其年冬，士英適考滿，匣至京師擬進，明年春，宣朝賓天，士英得請致仕，竟攜此石以歸金華。佐以一本貽春坊左庶子周公崇述，餘藏於家。正統三年，惜遭回禄燬焉。其後同寅員外金華蔡安貴又得士英所藏肥本，嘗請予題其後云。因并識之，以告來者。景泰七年丙子夏五月節後二日，竹齋王佐識。

宋克仲温戲書趙子昂蘭亭十三跋在松江。新增。

《蘭亭》墨本最多，惟定武刻獨全右軍筆意，此薛紹起彭家所拓者，不待聚訟知爲正本也。至元己丑，三衢舟中書，時過安仁鎮，正月望日。此三行縣字，字大七八分。

《蘭亭帖》自定武石刻既亡，在人間者有數，有日減無日增，故博古之士，以爲至寶，然極難辨，又有未損五字者，五字未損，其尤難得，此蓋已損者。獨孤長老送余北行，攜以自隨，至南潯北，出以見示，因從獨孤乞得，攜入都，他日來歸，與獨孤結一重翰墨緣也。至大三年九月五日，孟頫跋於舟中。獨孤名淳，明天台人。此四行零四字，字比上差小一半，皆懸字。

《蘭亭帖》當宋未渡南時，士大夫人人有之，石刻既亡，江左好事者往往家刻一石，無慮數十百本，而真贋始難辨矣。王順伯、尤延之諸公，其精識之尤者，於墨色、紙色、肥瘦、穠纖之間，分毫不爽，故朱晦翁跋《蘭亭》，謂不獨議禮如聚訟，蓋笑之也。然傳刻既多，實亦未易定其甲乙。此卷乃爲佳本，五字鑱損，肥瘦得中，與王子慶所藏趙子固本無異，石本中至寶也。至大三年九月十六日，舟次寶應重題，子昂。

此七行作章草字，與上四行大小一樣。

《蘭亭》誠不可忽，世間墨本，日亡日少，而識真者蓋難其人。既識而藏之，可不寶諸。十八日清河舟中。此二行作懸字，差小於上。

河聲如吼，終日屏息，非得此卷時時展玩，何以解日。蓋日數十舒卷，所得爲不少矣。二十二日邳州北題。此一行半作懸字，比上又差小。

昔人得古刻數行，專心而學之，便可名世。況《蘭亭》是右軍得意書，學之不已，何患不過人耶。此二行半作行書，比首三行差大。

頃聞吴中北禪主僧名正，號東屏，有定武《蘭亭》，是其師晦嚴照法師所藏，從其借觀，不可，一旦得此，喜不自勝。獨孤之與東屏，賢不肖何如也。二十三日，將過吕梁，泊舟題。此四行作行書字，比上略小些。

學書在玩味古人法帖，悉知其用筆之意，乃爲有益，右軍書《蘭亭》是已，用筆因其勢而用之，無不如志，兹其所以神也。昨晚宿沛縣，二十六日早飯罷題。此三行零二字，作草書，字比上差小。

書法以用筆爲上，而結字亦須用工，蓋結字因時相傳，用筆千古不易。右軍字勢，古法一變，其雄秀之氣，出於天然，故古今以爲師法。齊、梁間人結字非不古，而乏俊氣，此又存乎其人，然古法終不可失也。二十八日，濟州南待閘題。此三行半作小楷帶繇字。

二十九日至濟州，遇周景遠新除行臺監察御史，自都下來，酌酒於驛亭。人以紙索書於景遠甚衆，而乞余書者坌來，殊不可當。適登舟解纜，乃得休。是晚至濟州北三十里，重展此卷，因題。此四行半草書帶草字，與昔人得古刻同大。

東坡詩云：「天下幾人學杜甫，誰得其皮與其骨。」學《蘭亭》者亦然。黃大史亦云：「世人但學《蘭亭》面，欲换凡骨無金丹。」此意非學書者不知也。十一月一日。此二行小楷作繇字。

大凡石刻，雖一石而墨本絶不同，蓋紙有厚薄粗細燥濕，墨有濃淡，用墨有輕重，而刻之肥瘦明暗隨之，故《蘭亭》難辨。然真知書法者，一見便當了然，政不在肥瘦明暗之間也。十月二日，過安山北壽張題。此三行作蠶頭章草。

右軍人品甚高，故書入神品。奴隸小夫乳臭之子，朝學執筆，暮已自誇其能，薄俗可鄙可鄙。三日，泊舟虎陂待放閘書。此三行作繇字頗粗。

庚戌九月望夜，秉燭録趙魏公子昂十三跋《蘭亭》一過，付沈文舉子，時年四十有四，吴郡宋克書。

右吴中宋克仲温書趙魏公《蘭亭十三跋》，予愛趙公跋語，有益於學書者，於是乎書。天順改元，歲丁丑夏四月二十四日，王佐題。

跋定武蘭亭肥瘦二帖新增。九靈先生戴良叔能。

右軍《蘭亭序》，古今所共寶，而入石者非一，大抵當以定武本爲最勝。然世之所傳者，每有肥瘦之不同，宋尤延之謂瘦者爲真定武，而王順伯則主肥者，二公皆好古博雅，其辨古今石刻真僞，甚爲當世所推重，而於定武一帖，所論不同如此，何耶？孫氏藏此二本，一類瘦者，其一差肥，使二公而在，當必互有所稱許矣。其家尚寶藏之，他日子孫有能書者，當推此爲書種。

默成定武蘭亭記新增。金華魯齋王柏。

《蘭亭修禊序》，右軍之神筆也，所謂遒勁圓健，已備其美。七傳而至智永，其徒辨才，尤祕藏如護頭目，越二百六七十年，而唐太宗以術取之，未幾殉於昭陵，而真跡亡矣。唐初善書者多，而臨摹不止一家，惟歐陽率更爲逼真，勒石禁中。後晉時契丹舉歸，流落於定武，此所以定武本獨貴重於天下。本朝慶曆中，碑出民間，歐公《集古》所見，已四五本，乃以定武爲别本，蓋亦未深考也。其後米南宫所得，止褚河南臨本耳。自熙寧後，薛師正父子别刻二本，以易原碑，於「湍」「流」「帶」「左」「夫」劖損一二筆爲識，行於世者，往往别刻本，故定武真本亦不多見。南渡以來，紛紛翻刻，幾千古矣，訛以傳訛，僅同兒戲，每竊哂之。寶祐丙辰仲夏將晦，内兄潘伯遠之子，出乃父遺訓，以家傳數碑授予，囑以後事，而默成所寶《蘭亭序》亦在其中。予且悲且懼，質田以承命。久而玩之，實熙寧以前定武本也。何以證之？字有率更體，而所劖五字，尚可見也。諸家所識精筆，儼然在目，千古辟易，莫敢仰視，如皓月中天而萬緯沉暉，如祥鸞覽德而羣飛斂翼，自可獨步東南也。方宣和、紹興間，胡馬南馳，中原俶擾，士大夫宜未暇留神於翰墨，題識於後者猶二十餘人，多一時名公卿也，豈非懷古傷今，而卒付之無言乎？最後范太史沖一跋，微發其機，寓感慨之深意，真足以瘖晋室羣賢之舌而奪之氣，後之來者，宜不復可措手矣。惜乎元祐諸君子之故跡，脱落不存，自是息影潛形百二十餘年，而歸於予，以予無所嗜好，一朝而得北方盛時之名刻，傳默成衣缽之餘玩，亦異事也。暇日摩挲展觀，對諸賢姓名，肅然起敬，豈特憾世道之廢興。而是物託諸人者，已不勝其可歎，未知後之視今復何如也。因題其顛末於後云。

書蘭亭摹本法帖後新增。胡儼。

余嘗見此書真跡，云是宋蘇易簡家故物，世傳蘇家禊帖三本，此爲第二本，乃舜元字才翁房所藏，題爲唐褚遂良所摹。其書毫髪備盡，「少長」字，世傳衆本皆不及。「長」字其中二筆相近，末後捺筆鈎回，筆鋒直至起筆處。「懷」字内折筆抹筆，皆轉側褊而見鋒。「蹔」字内斤字足字轉筆，賊毫隨之於研墨處，賊毫直出其中。世之摹本，未嘗有也。當時米芾甚愛重之，以王維雪景六幅、李後主翎毛一幅并徐熙梨花大折枝，就蘇泊易得之。泊，才翁之子，易簡之曾孫也。今觀刻本，乃宋嘉熙庚子西秦張澂清淑摹勒上石，「少長」二字，與真跡合，「懷」字、「蹔」字有不同者，意蓋摹勒之不及耳。要之筆活有鋒勢，過他本遠甚。上有易簡子耆天聖歲跋，范文正、王堯臣題識及元章贊辭。人言爲舜欽藏本者，非也。考之舜欽房所藏，蓋第三本，唐粉蠟紙摹其第一本。又云有易簡題贊，世遠皆不知存亡，然聞字畫精妙，俱不逮第三本也。

蘭亭褉圖記 新增。王佐。

佐幼聞之鄉前輩云，右軍初書《蘭亭序》，用鼠須筆，蠶繭紙，遒媚勁健，自謂有神助。爾後累書數十百本皆不及，心甚愛惜而藏之。唐太宗酷好二王書法，得真本《蘭亭》於僧辨才，令歐陽詢、褚遂良等臨摹，以賜諸王。以詢所書逼真者，刻石置禁中，非諸王大臣不可得。遺命以真本《蘭亭》從葬昭陵。太宗陵。陵爲温韜所發，得其真本，其後流落人間，不知所在。今所傳諸碑，皆貞觀中臨本也，故各有不同。然世所傳《蘭亭修褉圖卷》，其序不知書者名氏，要皆歐、褚之筆也，其行款字體，大小塗改，諸本皆同，其圖則相傳爲李公麟之筆，布置精妙，不易得也。天台孫綽後序行書，又不知爲何人之筆。其次則有唐陸東之蘭亭詩，又其次則有宋高宗二御札，宋米芾題識，字皆可愛。其後有廬陵曾宏父所序唐太宗得蘭亭之始末，及宋高宗失定武本之顯晦，與夫薛紹彭父子翻刻定武本之由，皆據何延之《蘭亭記》、鄭工部《南唐記》、何子楚《蘭亭跋語》、王明清《揮麈録》而書之，考究詳實，其用心勤矣哉。淳祐初元，宏父刻置吉州鳳山别墅，江鄉大族未嘗聞有存其本者，而吾郡學士大夫君子，又不知何故無一語及此者，而其石不傳，亦未知其自何時而燬於兵也。今浙江紹興府山陰縣，自國朝洪武中有《蘭亭流觴曲水圖》石本，往往流傳於世，蓋即宏父本也，其題識如舊，第未知何時人刻置於彼也。正統中，碑石損壞，又繼刻之，亦未知何人所留意也。王佐謹記。

跋趙文敏公所臨蘭亭序新增。九靈先生戴良叔能。

前輩論逸少筆跡，真者當祖之，臨者宜子之，既鐫之石，而又摹臨之者，其屬猶近，繼此蓋遠矣。文敏所臨本，豈屬之近者非耶。然傳之於世，真贋常相半。此本舊藏四明袁德平家，文敏與德平友善，故書以遺之，奉化陳士申、慈溪孫原道皆德平姻家子，原道得之於士申，而士申得諸德平，前後相傳，不出他族，其爲真跡無疑矣。原道與弟原理皆善書，其必知所珍矣。

跋玉枕蘭亭帖新增。金華王禕。

《蘭亭帖》自唐以後分二派：其一出於褚河南，是爲唐臨本；其一出於歐陽率更，是爲定武本。若玉枕本，則河南始縮爲小體，或謂率更亦嘗爲之。宋景定間賈氏似道柄國，凡《蘭亭》遺刻之在世者，鮮不資其玩好，此本後有右軍小像，且題曰「秋壑珍玩」，其賈氏所重刻者耶。洪武年，王禕子充跋。

臨江府有玉枕《蘭亭帖》，永樂中佐得之，燬於火，惜不知是何人所書。近在南京李莊家見之，云是趙子昂所書，字皆蠅頭小楷，方四五寸，字行如《蘭亭》古本。

跋石鼓臨本新增。王禕。

岐陽石鼓，三代石刻之僅存於今者也。宋東都時，嘗鑄金填其刻文，移置宣和殿。金人入汴，剔取其金而棄去之。故自靖康土宇分裂之後，拓本絶不易得，好事者以銀一錠，購其十紙，則其見寶於世可知。國朝既取中原，乃輂至京師，置國學廟門下，於是近時搨本日以廣，而字畫益漫漶不可辨矣云云。元至正□年，義烏王禕子充跋。

題石鼓文後新增。泰和楊士奇。

右石鼓文十元，國子司業潘迪考訂音訓，刊附於後，在今北京國子監。此刻鄭夾漈定爲秦篆。歐陽公《集古録》，疑此文自宣王共和至宋嘉祐千九百年，且文細刻淺，理不應得存，又疑其自漢以來，博古好奇之士，皆略而不道。予謂石鼓文決非秦漢以下之人所能，所謂文細刻淺者，安知當時不深刻，歷世久遠則磨滅如此，而今文字之存者，計裁三之一耳，其中不可辨識者又三之一，則亦久遠之驗也。永樂□年泰和楊士奇題。

佐按，《石鼓歌》，唐韓文公謂爲周宣王時，文公必有所見也。

校勘記

〔一〕「廿三行生字」，諸本俱作「廿三行生行」，據文意改。

新增格古要論卷三

古墨跡論下

淳化閣帖

宋太宗搜訪古人墨跡，於淳化年中命侍郎王著摹勒，作十卷，用棗木板刻置祕閣，各卷尾俱有篆書題云：「淳化三年壬辰歲十一月六日，奉聖旨摸勒上石。」上有銀錠紋，用澄心堂紙、李廷珪墨拓打，以手揩之，墨不汙手，親王大臣，各賜一本，人間罕得。今世人所得，皆後來轉相傳摹者。

淳化閣帖考新增。王佐。

《淳化閣帖》十卷，第一卷，漢、晋至唐帝王書。第二卷，漢、魏、吴、晋人書。第三卷，晉、宋、齊人書。第四卷，梁、陳、唐人書。第五卷，蒼頡、孔子、禹、湯及秦、隋、唐人書，并隋僧智果評書。第六、第七、第八卷，羲之書。第九、第十卷，獻之書。宋監察御史劉次莊中叟有釋文十卷，宋丞相吾郡永新劉沆，嘗以太宗賜本摹刻傳於世，自後士大夫家又有摹刻其本以傳者。又有木板《淳化帖》及右軍《十七帖》，舊家大族，往往有之，今皆不復聞有藏其板者矣，疑皆爲元末紅巾盜所燬也。佐家藏前帖，皆是木板，字完好如閣本，但中間亦未免缺落一二。至如《十七帖》，與今太子洗馬安成李紹所藏同一本也，又未知其源出於何人家。説者謂宋南渡以前，帖有六本，其後摹刻以傳者益多，而《絳》、《潭》、《泉》、《汝》四帖在焉。然《泉》、《汝》不及《潭》、《絳》，今《潭帖》已燬，而《泉帖》取歸國朝祕府，不易得矣。因并識之。王佐記。

淳化帖記新增。王柏。

本朝儒學獨盛，非漢唐可比，而碑刻尤多，蓋太宗皇帝偃武修文，一洗五季鋒鏑之腥，以闡吾道伊洛之原。天下甫定，即遣使購募前賢真跡，集爲法帖十卷而藏之。

鏤板於中禁，每大臣登進二府者，賜以墨本。歐陽《集古録》云，時禁中災，碑板被焚，遂不復。或云，板今在，但不賜耳。故人間以官法帖爲難得。然當時命王著辨精粗而著之，識鑒不明，真僞莫察，玉石雜揉，遂爲全帖之累，前人論此固多矣。此雖不能無疵，今彙萃古人筆，千百年間，一開卷而粲然在目，使人擊節賞歎不已，豈不快哉。後來未暇論其少繆，政恨真法帖之難見。《絳帖》銓次不同，劉希白《長沙帖》，字行疏密亦異，陳王本病於無精神，臨江本病於瘦弱，俱不足以比肩。閣本紛紛各自誇張，不特字體變動，而摹拓亦無精墨。是以山谷云，當時用歙州貢墨摹打則色濃。李莊簡云，用李廷珪墨，後用潘雲谷墨則色淡，此墨色濃淡之分也。李莊簡云，初時板完好，不用銀釘，後來板漸拆裂，然後用銀釘，此銀釘有無之分也。山谷又謂墨濃則瘦，墨淡則肥，此字畫肥瘦之分也。然非閣本，則此皆不足辨。予所見閣帖凡四本，一爲李莊簡舊藏，此爲墨最濃，而未見銀釘。一爲先伯文定家藏，墨淡而肥，已有銀釘。一爲閩氏仲信家藏，亦非先本。一爲潘氏維屏得故家物，疑陳王本也。淳祐癸丑之夏，予偶得鬻碑塵敗之帖两卷，人所不售者。細視之，真李廷珪墨打者也，精神體致，絶出前四本。手自裝褫，分爲四册，永爲閣本之式。以予草茅下士，邂逅而得中原盛時難得之帖，亦大過分矣，而敢望其全乎。惟其不全，故予得而寶之。錫山尤公有云，鳳凰一毛，麒麟一甲，終是希世之寶，況已得十分之二矣。天下之尤物，豈盡出於金題玉躞中耶。

絳帖後增

宋尚書郎潘師旦用《淳化閣帖》增入别帖，重摹刻二十卷於絳州，北紙北墨，極有精神，在《淳化閣帖》之次，其石比《淳化帖》本又高二字。

絳帖考新增。王佐。

《絳帖》十二卷，第一卷，孔子、倉頡、秦、漢、魏人書。第二卷，晋、南朝、唐、宋帝王書。第三卷、四卷，晋人書。第五卷、六卷，右軍書。第七卷、八卷，獻之書。第九卷，南朝、隋、唐人書。第十卷，晋何氏、衛夫人及隋、唐僧人書。第十一卷、十二卷，以壯忠義之氣，且題於後。今又不完，存者五十七幅，碑入晉王府，不易得矣。元編修陳繹曾云，骨法清勁，足正王著肉勝之失，然駿馬露骨，又未免羸瘦之病，蓋淳化之子。今之學者不見古帖，得此一，可寶矣，惜不完也。王佐記。

潭帖後增

《淳化帖》頒行潭州，摹刻一本，與《絳帖》雁行。宋慶曆間，長沙僧希白重摹本亦佳，紹興間第三次重摹者失其真矣。

元陳繹曾云，希白摹刻《潭帖》，風韻和雅，血肉停勻，但形勢俱圓，頗乏峭健之氣，蓋淳化之子也，在潭之郡齋。

泉帖後增

以《淳化法帖》翻刻於泉州郡庠，佐生也後，無以考究摹手。洪武四年辛亥，知府古任常性以劉次莊釋文序而刻之，我仁宗皇帝命取入祕府，人不可得而見矣。

汝帖後增

《汝州帖》乃摘諸帖中字，牽合爲之，每卷後有汝州印，後會稽重摹之，謂之「蘭亭帖」。

汝帖考新增。王佐。

《汝帖》十二卷，第一卷，三代金石文八種。第二卷，秦、漢、三國人書十五種。第三卷，晋、南朝帝王書。第四卷，魏晋九人書。第五卷，晋人王、郗、桓三氏書。第六卷，二王書并《洛神賦》。第七卷，南朝十人書。第八卷，晋、胡、北朝十二人書。第九卷，唐三朝帝后書。第十卷，唐歐、虞、褚、薛書。十一卷，唐李、顔、韓、賀、柳、李六臣書。十二卷，韓愈及五代諸國七人書。其石不佳，諸帖中最低者也，佐亦無以考爲何人所摹也，謹識。

十七帖考新增。王佐。

右軍《十七帖》，因首有「十七日」三字，故名。八碑，共二十九帖，中間多與《淳化》法大同小異。佐家藏者是木板，絶妙，但不能考其所從來。宣德中，佐見大理寺丞蘇州仰瞻所藏石本，後有唐文皇押字，疑其爲館本也。宋黄長睿云，右軍草書《十七帖》，最爲可師，此書中龍也。佐識。

跋館本十七帖新增。金華黄溍。

唐貞觀元年，詔京官職事五品以上子嗜書者二十四人，隸弘文館習書，出禁中法書以授之，尋又置搨書三人，此館本之始也。開元六年，命整理御府古今工書鍾、王等墨跡，得一千五百一十卷，視貞觀時無所增減。龍翔三年，裝進館内法書，至九百四十九卷，然則當時館本，必不止《十七帖》。此《十七帖》特以世所共傳，而其後有敕勒充館本，故名之曰《館本十七帖》耳。卷尾有僧權二字，不完足，梁之徐僧權云。

元金華黄溍跋。

宋哲宗元祐祕閣續帖新增

元祐中，奉旨以御府所藏真跡，除《淳化帖》外，刻續法帖。

宋徽宗太清樓續帖後增

宋大觀間，奉旨以御府所藏真跡，重刻於太清樓，與《淳化帖》有數帖多寡不同。其中有《蘭亭序》，皆蔡京標題，卷尾題云：「大觀三年正月一日，奉聖旨摹勒上石。」陳繹曾云，大觀帖，蔡京摹刻，京沉酣富貴，恣意粗率，筆偏手縱，非復古意，賴刻手精工，猶勝他帖，蓋淳化之弟也。

又云，《太清樓續閣帖》，温陵劉燾無言摹刻，工夫精緻，亞於淳化，肥而多骨，求備於王著，乃失之粗硬，遂少風韻。

黄山谷題《太清續帖》云，劉燾箋題，便不類今人書，使之春秋高，江東又出一羊欣、薄紹之矣。由是觀之，此帖必無言早年所書也。

宋孝宗淳熙祕閣續帖後增

宋淳熙間，奉旨以御府珍儲，刻石禁中，卷尾題云：「淳熙二年乙巳歲二月十五日，修内司恭奉聖旨摹刻上石。」

陳繹曾云，修内司《武岡》、《福州》諸帖，皆有可觀。

臨江戲魚堂帖後增

宋元祐間，劉次莊以《淳化閣帖》十卷，摹刻於臨江，除去卷尾篆題，而增釋文，在《潭帖》之次。

陳繹曾云，此帖在《淳化》翻刻中頗爲有骨格者，淡墨搨尤佳。

正統二年，佐歸省還家，道過臨江府學，見數碑埋没路傍，意其爲戲魚堂碑也。俾訓導同邑杜思昭起之，果法帖也。其餘碑刻，度因紅巾盜起，埋没學傍土中，惜無賢守令尋獲。姑記所見，以俟賢者。王佐記。

鼎帖 新增

陳繹曾云，鼎帖石硬而刻手不精，雖博而乏古意。

星鳳樓帖 新增

《星鳳樓帖》，宋尚書趙彦約刻於南康，雖衆刻重摹，而精善不苟。陳繹曾云，此帖南宋曹士冕摹刻，工而有餘，清而不穠，亞於《太清樓續帖》。

玉麟堂帖 新增

陳繹曾云，汴人吴琚居父摹刻，穠而不清，多雜米家筆仗，蓋琚日臨古帖，字類米芾故也。

寶晋齋帖 新增

陳繹曾云，宋曹之格摹刻，在諸帖中爲最下，蓋《星鳳》之子也。宣德九年，佐録囚至無爲州學，見此碑散亡不完，命諸生拓其存者六七碑，字多米芾元章所書。米友仁題其後云：「羲之七帖，先臣芾中年所臨，此字有雲煙卷舒翔動之氣，非善雙鈎者所能得其妙，精刻石者不能形容其一二也。紹興六年丙辰十二月初七日，臣友仁審定。」凡卷首「寶晋齋法帖卷第幾」，俱篆字，末有「右曹氏家藏真跡」，識以大圖書。

百一帖 新增

陳繹曾云，宋王曼慶摹刻，筆意清遒，雅有勝趣，恨刻手不精。

利州帖

宋慶元中，劉次莊以《戲魚堂帖》并釋文重刻石於益昌，其釋文字畫，較《臨江帖》稍大。

黔江帖

宋秦子明於長沙摹刻僧寳月希白古法帖十卷，載入黔江紹聖院，乃潭人湯正臣父子刻石。

蔡州帖

蔡州臨摹《絳帖》上十卷刻石，出於《臨江》、《潭帖》之上。

彭州帖

彭州亦刻歷代法帖十卷，不甚精采，紙類北紙。

武陵帖

《武陵帖》二十卷，較諸帖增益最多，中間有右軍《黄庭經》，他本所無，博而不精，殊無足取。

東庫本在絳州

世傳潘氏子析居法帖石本，分爲二，其後絳州公庫乃得其上十卷，絳守重刻下十卷足之，一部名《東庫本》。其家復重刻上十卷，亦足一部，於是絳州有公私二本。靖康兵火，石并不存，後金虜重摹者天淵矣。

賜書堂帖

《賜書堂帖》，宋宣獻公綬刻於山陽，有古鍾鼎識文絶妙，但《二王帖》未精，石已不存，後有重摹本。

甲秀堂帖

《甲秀堂》，廬江李氏刻，前有王、顔書，多諸帖未見，後有宋人書亦多。

二王帖

《二王帖》，宋許提舉間刻於臨江，摹勒極精。

羣玉堂帖

《羣玉堂帖》，宋韓侂胄刻，所載前代遺跡最多，後亦有宋人書。

李靖西岳書新增

唐李衛公布衣時上西岳書，蓋厭隋亂，其志奮欲有爲，而諮之神明之辭也，其書亦佳，石刻在廣西。

壇山石刻新增

「吉日癸巳」四篆字，周穆王時所刻，字畫絶妙，在趙州贊皇縣。

干禄字書新增

唐顔魯公真書小字，辨别字之正俗，顔元孫作石刻，在四川潼川州。

新增陝西碑帖王佐

嶧山碑

秦李斯篆，燬於火，宋鄭文寶翻刻，皆玉筯篆，一行十字，字方二三寸。

聖教序記褚遂良臨本，在同州倅廳。

唐太宗作序，高宗作記，僧玄奘譯《多心經》，僧懷仁集右軍行書，字體遒勁可愛，貞觀二十三年八月作，咸亨三年十二月刻石。

真草篆書千文五家

唐僧智永書，一行真，一行草，末有大觀己丑薛嗣昌記。

唐張旭草書，方二三寸，極佳，今亡缺過半。

唐僧懷素草書，大小三種，大者極佳，小者字頗促。

唐開元中李陽冰篆書。

唐僧夢英篆書。

夫子廟堂碑

唐虞世南書，真字。

孔子廟碑

唐僧夢英篆書。

筆陣圖

晋王右軍行書，間有草字，其書神妙，爲世所重，時年五十有二。末云，千金勿傳非其人也，永和十二年四月十二日書。

皇甫君碑

唐率更令歐陽詢真書，字多損壞，存者數十字耳，乃于志寧撰文，今石本乃重摹者耳。

化度寺碑

唐歐陽詢書，真字。

昭仁寺碑

唐歐陽通真書，詢之子。

多寶寺塔銘

唐顔魯公真書。

座位帖稿

顔魯公行草，蓋初稿也，中多塗改，字體最妙，凡五碑，正統中破缺多矣。

元趙子昂臨本，在北京國子監，今亦不全。

祭顔杲卿并十三姪文

真卿行書。

祭伯文濠州刺史文稿

真卿行書。

顔氏家廟碑

真卿文并書，碑四面環轉，李陽冰篆額。

金蘭帖

歐陽率更真書，凡六十字。

玄祕塔銘

唐侍書學士柳公權書。

律公藏真帖

唐僧懷素草書藏真一帖，律公二帖，俱游絲字，末有宋景祐三年馬丞之題。草書二十三字亦妙，又有微仲書云，結字小異。

聖母帖

懷素草書，頗難識，貞元九年歲在癸丑五月刻石，宋元祐三年戊辰摹刻上石。右自嶧山碑至此，俱在陝西西安府學。

九成宫醴泉銘太宗改隋仁壽宫作九成宫。

唐歐陽詢真書，字差大，魏徵文，在鳳翔府麟遊縣。其文有箴規太宗之意，故末云，居高思墜，持滿成覆。

唐雲麾將軍李秀碑

唐北海太守李邕行書，結字最妙，在西安華州蒲城縣，一在順天府良鄉縣學，石刻不及。

金剛經

唐僧懷仁集右軍行書，在西安府雁塔下。又有柳公權書，在興唐寺中。

心經草書

草書類懷素，今秦府又翻刻作己書。佐家新舊二碑俱有。

虞恭公碑

唐歐陽詢真書，此詢第一筆，遒勁最妙，世人貴尚，惜缺落過半，在邠州宜禄巡檢司，惜今字碑多損缺過半，學者率先學此。

懷素自序

懷素草書，宋蘇舜欽補一帖，後有魏良臣跋，有建業文房印，在耀州三原縣。

唐羽林大將軍臧懷亮碑

李邕行書，遒媚圓健可愛，在耀州三原縣臧氏墓上。

孝經隸字

唐玄宗八分隸書，注作小隸字，末有御跋草書，字方三四寸，甚妙，凡四大片，碑末具列廷臣官勳。

西岳華山廟碑

漢郭香察隸書，在華陰縣華山廟。蓋漢人碑多不書何人書，漢隸書姓名者，獨此帖耳。

一律禪師塔碑

唐明皇御製文，八分御書，在灞橋東源上。

擣衣篇

僧彥循草書，在西安府學中。

唐三藏法師塔銘

僧建初行書。

上京薦福寺碑

唐韓擇木八分書，史維則篆額，在西安府景風街仁王寺中。

十八體書

唐玄度十八體書，在西安府香城寺中。

聖教序記臨本

唐褚遂良臨羲之書，在西安府同州倅廳。

蘭亭詩序臨本

褚遂良臨本，後有延陵之印，在同州學中。

唐贈滎州刺史碑

唐張頌行書，在三原縣北墓上。

新增各處碑帖王佐

南京　南直隸

嶧山碑在應天府學。

宋李西臺處巽翻刻李斯篆書，一行三字。

謙卦爻辭

唐李陽冰篆書，方三寸大，四扇板門，在太平府蕪湖縣民家。

瘞鶴銘

梁陶弘景真書，世傳在焦山寺山足水中，今不可得，其字神妙。鎮江府，今不傳，詳見《東觀餘論》。

度人經

元趙子昂小楷，宣德初，鎮江府玄妙觀道士得之土中，今在丹徒縣學。經後有皇慶元年春正月九日，三教弟子趙孟頫書，末有元翰林學士袁桷跋，其字又小。

致廣大十二大字

宋建安蔡杭書，「致廣大，盡精微，極高明，道中庸」，凡十二字，計四碑，字方尺二三寸，在鎮江府學壁上匣石。

敬齋箴

朱文公作，朱頔極隸書，在蘇州府學屏風上。又韓符《讀書城南詩》，在立齋。

丹陽公言偃祠堂碑記

朱子作文，元趙子昂真書，在蘇州府常熟縣子游殿前。

茅山玄靜先碑

一碑銘，唐顏真卿文并真書。

一碑，唐柳識文，張從申行書，李陽冰篆蓋額，世人號曰「三絶碑」。俱在應天府句容縣茅山。

第一山三大字

一在鳳陽府盱眙縣，宋米芾行書，其字方六七寸，奇偉秀麗。

一在鳳陽府龍興寺中，方一尺四五寸，我太祖御書，端嚴遒勁，妙入神烝，真宸翰，非名筆可及。

大字千文

皇明中書舍人新安詹孟舉真書，每一行二字，在蜀府者爲第一本，字方四寸，勁健壯麗，蓋國朝第一手也，字兼顔、歐、虞、柳，雖古人亦少及之。宣德中，寧國知府樂安袁旭翻刻於郡中，摹手亦佳，江西諸本，不及遠甚，後有吏部尚書豐城黄宗載跋。

七姬權厝志

七姬者，元潘元紹諸妾也，曰程氏、翟氏、徐氏、羅氏、牛氏、彭氏、段氏，皆妙年麗質，潘赴召時，恐其不守，皆自經死，潘合葬一家。事平，請尋陽張羽銘其墓，吴郡宋克以鍾字書之，婁江盧熊篆蓋，皆可愛也。潘蓋宋魏王廷美之後，其先避亂易姓而未復，今蘇州府吴縣陳嗣初先生家有碑刻。乃子陳孟文。

蘭亭十三跋

元宋克仲温戲書趙子昂舟中所書《蘭亭十三跋》，真楷行草，蠅頭小書，大小不一，舊藏松江府華亭沈民望家。正統中，吉水楊政惟效以監察御史改松江推官，令善書者摹刻於郡，後有訓導會稽陳賓跋。在松江府。

杜甫前出塞詩九首

宋克章草九詩，吴僧善啟舊藏此本，摹刻於寺，其字絶佳。在松江府。

與俞仲幾書

宋克與俞仲幾書，亦鍾字，今仲幾諸孫俞珙勒於石。在松江府。

送任參政詩

解學士大紳贈參政任冕詩二首，皆公草書。在松江府。

草書千文

吴僧訥老草書，勁健可喜，蓋學張旭、懷素者也，上有晋陵孫仲賢跋語。宣德中，寺僧得之土中，凡十餘石。

歸去來辭

晋陶淵明作，元趙子昂行書，二大碑。

春夜宴桃李園記

唐李白作，洪武中，中書舍人新安詹孟舉希原真書，字方三四寸，一行两字。俱在崑山縣。

行書千文

元趙子昂行書，絶佳，惜碑破碎。今翻刻本有僧善啟跋。在松江府。

真書千文

元鮮于樞伯機真書，絶妙。在松江府。

鐵佛寺鐘銘

子昂真書，絶妙。在松江府鶴砂報恩懺院。

寶晋齋法帖見前

宋曹之格摹刻於無爲州，爲米芾所臨。

北京　北直隸

樂毅論　黄庭經

元趙文敏公臨王右軍真書小楷，俱在北京國子監。

金丹四百字

唐張平叔金丹四百字，趙文敏公中楷。

蘭亭序

趙文敏公臨定武本。

座位帖稿

趙文敏公臨顔魯公行草，絶佳，俱在北監，五碑，今亦不完。

草書千文

唐僧洛陽亞栖草書，得張顛筆意。嘗云，世徒知張之顛，而不知張實非顛也。又曰，吾書不大不小，得其中道，若飛鳥出林，驚蛇入草，則果顛也耶，《千文》正爾。在北監。

北岳恒山碑

一碑，蔡邕漢隸，一碑，蔡有鄰唐隸。在定州曲陽縣。

唐雲麾將軍碑

李邕行書，在順天府良鄉縣學。

石鼓

石鼓凡十，相傳爲周宣王時史籀小篆，歲久刻淺，字多不可識，非秦漢以來之人所能爲也。元國子司業潘迪有音訓絶刻於後。今在北京國子監大成殿前門上。

宣父碑

東漢蔡邕伯喈隸書，在真定府。

壇山石刻

史籀篆書「吉日癸巳」四字，相傳爲周穆王時物。今在真定趙州贊皇縣。

韓延壽碑

在順天宛平縣。

慶壽寺碑

金党懷英八分書，最妙。正統中惜爲中人所毁。北京。

淳于長夏承碑

靈帝建寧三年，蔡邕八分書。在廣平府學。

山東

壯觀二大字

唐李太白書，今翻刻於濟寧州城南樓上，外有數碑，在山東金鄉縣。

之罘石刻

秦李斯玉筯篆，今存二十一字，在山東萊州府文登縣。

唐有道先生葉公碑

李邕行書，在金鄉縣。

棲霞阡表

子昂行書，極佳，在金鄉縣。

孔子廟諸碑

漢、晉、唐、宋、遼、金、元尊崇先賢及加封諸碑，俱在闕里大成殿前。

孔子手植檜贊

宋米芾元章行書，古檜在孔廟杏壇東南，今不存矣。惟再生一株，亭亭獨立，身文皆左轉如草繩纏，至梢有葉，青青可愛，非世上所有也，佐親見之。稍尾有葉一小叢，高廣一尺許，樹大僅二尺許。

國朝尊崇碑

皇明尊崇孔子，仍唐、宋、元舊王號，内載正五岳四瀆海鎮神號，字皆真字，中書舍人詹孟舉筆也。碑極高大，勝於前代碑遠甚。

嶧山碑

秦始皇二十六年丞相李斯篆，凡二碑，一行十字，極古雅，山本嶧縣地，屬兗州府，山北去鄒縣二十里。古碑經秦末之火不存，今鄒縣有翻本。

泰山碑

秦始皇三十六年封禪泰山立碑，丞相李斯篆書，今止存二十九字。泰山在濟南府泰安州。

孔門聖賢像贊

孔子廟中，有聖人及弟子像，廟在兗州府北，曲阜南。

孟子像碑

孟子廟，在鄒縣南門外，東北有父母廟，兩廊祀樂正子十七人，韓愈、孔道輔從祀焉。歷代尊崇之碑甚多，派系圖、大賢碑像，具列廟中，惟廟西南檐下有一石像高古，信所謂泰山巖巖氣象也。景泰六年乙亥冬十二月，佐拜大賢於廟下。其東南諸石山，直接嶧山，皆惟石巖巖，蓋天地扶輿清淑之氣，鍾靈毓秀於大賢亞聖也。自鄒縣以南，山勢環抱，包裹非一重，直出滕縣、監利，其環抱皆然，至徐州洪而止。後之君子，其尚知之。

聖賢墓石

孔子墓前石壇刻文，子思墓西石壇刻文，皆漢隸字。

宗聖侯碑

魏文帝封孔子二十一世孫孔羨爲宗聖侯，其碑曹植子建作文，乃梁鵠書。在孔廟中。

羲堯廟碑

伏羲廟碑，帝堯廟碑，堯母廟碑，俱漢隸，在曹縣。

周公廟碑

周公廟，在魯國城外東，不知何年廢矣，其碑尚存，漢隸。
孔子廟，在魯國舊城中北，顔廟在城外東。
孔林在魯城外北，方廣十里，無荆棘蛙聲鳥巢。

房定公墓碑 在章丘。

房彦謙，字孝沖，唐初爲長昌令，百姓號爲慈父，立碑頌德，去官不仕，而清白守貧，以子玄齡功，追封定國公，其墓碑乃歐陽詢真書。

齋太公碑

齊太公吕望碑，漢隸，在汲縣。

黄石公廟碑

黄石公廟碑，漢隸，在東河。

山西

絳帖

晋陽王府藏之，本不完，詳見前。

漢郭有道碑

蔡邕作文，隸書，在平晋縣。

魏并州刺史王垣碑

隸書。在絳州。

郭林宗墓碑

漢隸。在介休縣。

魏車騎將軍穆祚碑

隸書。在介休縣。

堯碑

帝堯廟碑，在汾水東原上。

河南

汝帖

《汝帖》十二卷，自三代、秦、漢至唐、五代帝后羣臣書。見前。

邊韶墓碑

邊韶字孝先，教授弟子常百餘人，號「五經笥」，漢桓帝時大中大夫。蔡邕隸書其墓碑。在開封府東北五里。

魏受禪碑　公卿上尊號碑

魏文帝受禪二碑，按魏衛覬金針書，世傳俱爲魏梁鵠書，顔真卿辨爲鍾繇書。俱在許州。

孝子銘

李聃世稱曰老子，碑在歸德州鹿邑縣，即古亳州太清宫。

遺教經缺

鍾繇墓碑

鍾繇字元常，潁川長社人，善書，初師劉德升，書如飛鴻戲海，舞鶴遊天，魏封平陽侯。在尉氏縣西北三十里蔣城鄉高兼村，今屬中牟。

劉寬碑

漢劉寬字文饒，桓帝時爲南陽太守，温仁多恕，用蒲鞭示辱，仕至大尉。靈帝中平二年立墓碑，隸字，在洛陽縣上東門。

董宣廟碑

漢董宣字少平，光武時爲洛陽令，鯁直不屈，得强項之名，以廉潔死，賜文綬，葬以大夫禮。在洛陽。

洛橋石柱銘

洛陽橋石柱銘，在建春門外雙石柱上。

陳寔壇碑

漢陳寔字仲弓，爲大丘長，其碑漢隸。在永城。

荀公墓碑

漢荀淑字季和，爲僕射。墓在長社東北七里，碑在許州。

漢橋玄二碑

一碑，故隸司徒崔烈立。一碑，隴西范罕立。在宋城。

比干墓碑　封比干墓銅槃

殷比干墓碑，封比干墓銅槃，俱古篆。在汲縣。

桐柏淮源廟碑

漢桓帝延熹六年正月八日乙丑立，隸書。在南陽府唐縣。

圉令趙君碑

漢獻帝初平元年立，隸書。在南陽縣文廟中。

顔母陳夫人碑

唐顔真卿文并書。在鄧州。

蘭亭序

唐褚遂良臨本。在歸德州。

晝錦堂記

宋歐陽文忠公爲丞相韓魏公琦作，蔡襄真書。在彰德府。

東書堂法帖

周府臨《淳化閣帖》，增以宋名人法帖，凡二十卷。

蘭亭諸臨本序及流觴曲水圖

周府臨本見前。有四本。《蘭亭記》有肥本、有瘦本。

浙江

聖賢像贊

宋高宗御製孔子與七十二弟子像贊，在仁和縣學，又有五經石刻。末有秦檜記，宣德中御史常熟吴訥巡按至浙，磨去檜作，而自題其後云。

東岳行宫記

元湖州總管孟淳作，趙子昂行書。在長興縣。

放生池碑

唐代宗大曆十二年刻，顏真卿真書。在長興縣。

七觀帖

趙子昂小楷最妙，末有元學士袁文清公桷題跋。在寧波府。

蘭亭禊圖

王右軍《蘭亭序》，李龍眠畫《流觴曲水圖》，後有廬陵曾宏父考究并跋，見前。在山陰。

孔子廟碑　城隍廟碑

二碑俱縣令李陽篆，在縉雲。

吏隱山諸石刻

李陽冰遊眺之所，詩文多刻於石，其山有窪尊，上有四井，周回四丈，留題篆刻於石者甚多。

黄帝祠宇四大字吏隱山　**鼎湖二大字**仙都山　**縉雲縣三大字**縣門石碑

縉雲縣學四大字

縉雲縣令李陽冰篆書。

碧瀾

趙子昂書二大字。在湖州府前公館亭上。

射堂記

唐代宗大曆十二年顏真卿書。在長興縣。

赤松山三大字　**赤松宫三大字**　**北山二大字**智者寺　**天清地寧四大字**光孝觀

李陽冰篆書於金華府。

徐偃王廟碑

隸書。在蘭溪。

嚴陵祠堂記

宋范文正公作嚴光祠堂記。在嚴州府桐廬縣釣臺。

岳飛像

宋忠臣鄂武穆王飛，字鵬舉，中興名將也，廟號忠烈，改謚忠武。在杭州祠中。

胡安定像

胡安定先生名瑗，字翼之，教授蘇湖。在湖州書院。

江西

示子手帖

趙文敏公行書。在臨江府學。

大字千文

詹孟舉書，一在布政司，一在番陽縣。

誠齋二大字

宋孝宗隸書，賜寶謨閣學士楊萬里。在吉水楊氏湴塘忠節祠中。

清氣二大字

文丞相書，在玄潭觀雪浪閣後壁上，字徑五尺。在吉水，今亡。

大魁字

宋文丞相書，在廬陵縣學中壁上，前有魁星贊，字方一丈。其堂曰「進士第一之堂」，乃劉道存書。

禮義廉恥四大字

宋張南軒書二碑，俱在廬陵縣學。

太極圖說

一在南安府學，一在撫州府學。

天府地理圖　魯國圖

俱在撫學。

明倫堂三大字

朱文公書。在吉安府學。

上帝臨汝無貳爾心

朱文公書八大字，一碑，字徑尺。俱在撫學。

脱去凡近

朱子書四大字。在瑞州府學。

四體千文

元左丞周伯温書。在番陽。

狄梁公仁傑碑

宋范仲淹作，黄山谷真書。在九江彭澤縣。

歷代鐘鼎彝器銘誌法帖

宋薛尚功編次，凡二十卷，刻於九江府使庫。

醉翁亭記

宋歐陽文忠公作，蘇文忠公行書，字徑三四寸，四碑。在吉安府學明倫堂上。

孔顔像贊

元顔輝筆，大小二碑。在吉安府學大成殿上。

孝經

小字真楷，今不完，不知何人書。在吉安府學。

歸去來辭

一碑，蘇東坡行書，在南康。一碑，黄山谷行書。

歸田賦

元趙文敏公行書，在臨江府學。

瀧江阡表

宋歐陽文忠公自作，不載何人書，疑公自書。在永豐。

心經

在吉水清涼寺，不知何人臨本。

戲魚堂法帖

劉次莊以《淳化閣帖》十卷刻於臨江府，題曰《戲魚堂法帖》。今不完，無有知者。正統初，佐歸省，見人以碑貼路，俾訓導杜思濟收拾。在臨江府。

玉枕蘭亭

方四五寸，蠅頭小楷，以《蘭亭》舊本縮細，字行如故。

戴叔倫遺愛碑

在江西撫州府。

月儀帖

月儀自正月至十二月止，凡二碑，俱章草。在臨江府學。

湖廣

摩厓碑

唐元結作《大唐中興頌》，顏真卿真書於浯溪厓上，字稍大。

易繫卦説辭

朱子書，自「易有太極，是生兩儀，兩儀生四象，四象生八卦」，「是故易逆數也」。末有「朱熹書，蔡元定刻」。佐考是書在宋乾道間，書孔子《易·繫辭》、《説卦》三節，凡八碑，在明倫堂東壁，依堂壁逆行。至國朝正統三年戊午，歷年二百五十，舊刻漫滅，知府周鼎重刻，刊正順行，教授廬陵劉慶有跋。

岳麓寺碑

李邕行書，字徑寸，在衡山之麓。

城南書院四大字 在長沙府臨湘門。

宋張南軒講學之所，張紫微得意之書。

乾坤清氣四大字

松軒書，方五尺，在道州。

拙賦二碑。濂溪在舂陵郡西十八里。

周子作，浚儀向子廓隸書，宋淳熙戊申趙師俠刻於郡丞廳後，有跋。碑在周拙堂。

太極圖説

周子作《太極圖》，發前聖所未發，自二程没後，其義難明，至於朱子，始發明圖説，而後之學者，始習聞其義，在道州。

窪尊銘

唐元結作銘，顔真卿書。窪在道州城外，湖東報恩寺西二十步，有小石山，山巔有窊穴，可爲尊，刻銘其上。張浮休又刻石於郴州江畔。

陽華巖銘

元結次山作銘，邑令崔令問以雜體篆刻之厓上，在道州東南七里山下。

碧虛洞三大字

一名「嘉魚洞」，元結改曰「無爲洞」，篆刻在焉。唐德宗貞元間，李嶠名巨山，官鳳閣舍人、鸞臺侍郎、中書令，有篆額。在道州永福寺東十步。

秀山斗門四大字

宋龔穎爲常德太守，篆此四字。劉海蟾遊斗門曰，此秀水，乃武陵郡一條玉帶也。又有「玉帶河」三大字，在武陵辰溪西。

義井銘

井在舜子巷，漢靈帝光和三年隸，相傳爲秦碑。在隨州漢東關下。

峴山碑

晉羊祜字叔子，鎮襄陽，嘗與從事鄒湛同登峴山，慨然浩歎。與杜預元凱相繼平吳，元凱功銘二石，一置峴山之上，一投漢水之濱，是知陵谷有變，而不知石有時而磨滅也。蓋元凱以其功，叔子以其仁。叔子卒，襄人建廟立碑於峴山，望者流涕，杜預名曰「墮淚碑」。叔子官至尚書僕射、南陽太守，續之孫，上黨太守衜之子，中郎蔡邕之外孫也，嘗守襄陽。

陰符經

潭帖缺

福建

千字文

元吴志淳隸書。在福州府學。

出師頌

梁蕭子雲章草，虎都魯沙仲威摹刻。在福州府。

玉枕蘭亭

小楷。在福州府學。

光風霽月四大字

朱子書於江西白鹿洞。福州摹刻。

畊雲釣月四大字

朱子書。

讀書二大字

朱子書與劉礪，刻於方安里三寶巖。在長樂縣。

容膝及天光雲影

朱子書於雲谷。

帝王聖賢將相像

三皇、五帝、禹、湯、文、武，項羽、漢高、文、景、光武、蜀漢昭烈，魏太祖，吴大帝，晋司馬宣王懿，東晋元帝，南朝宋武帝、廢帝子業、宣帝，齊高帝，梁武帝、昭明太子，陳武帝，隋文帝，唐高祖、太宗、武則天、玄宗、憲宗、宣宗，南唐李後主，宋太祖、仁宗、高宗、寧宗、孝宗，閩王審知，倉頡、稷、契、皋陶、伊尹、傅説、太公、周公、老子、孔子、屈原，漢張良、董仲舒、東方朔、司馬遷、嚴光、揚雄，晋王羲之、謝靈運、陶淵明，南朝宋檀道濟，隋文中子，唐房玄齡、杜如晦、李靖、李勣、尉遲敬德、姚崇、宋璟、狄仁傑、郭子儀、顔真卿、李白、杜甫、韓愈、柳宗元、白居易、孟郊、賈島，宋包拯、歐陽修、蘇軾、周子、程子明道、伊川、邵雍、張載、司馬光、張敬夫、朱子、黄山谷、楊龜山、蔡西山、蔡九峯、劉雲莊、吕東萊、真西山，元許魯齋。

右自伏羲至元許衡，凡一百一人，上下三千七百年間，曰皇，曰帝，曰王，曰聖，曰賢，曰相，曰將，其揖讓授受，仁厚恭儉，僭竊邪正，殘暴荒淫，一覽而盡得之。此本三皇至孔子，原在城都魯恭墓前石室中，餘則見於廬山。元住後山玉林居士合而刻之於廬峯書院，閩中張士賢序之詳矣。王佐謹識。

廣東

漢桂陽太守功勳碑

漢隸。在樂昌縣。

唐韓文公廟碑

宋蘇東坡文并真書，字徑寸。

天涯海角亭碑缺

廣西

羅池廟碑

唐柳子厚祠，韓文公作文，宋蘇東坡真書。

九疑山碑

漢蔡邕文并隸書。

四川

益州周公禮殿記

漢隸。在成都府。

干禄字書

唐顔元孫作，顔真卿書小楷。在潼川州。

梁武祠堂畫像

伏羲至孔子七十二弟子。

石室畫像

三皇至孔子七十二弟子，凡一百人，太守張恢立，在漢魯恭墓前石室四壁上，後有跋。

千字文

蜀府石本，元趙子昂書，大者方一尺，石碑，小者方四寸，木碑。又有詹孟舉書，推爲第一。

書法要覽

蜀府長史泰和劉仲珩真書，洪熙己巳七月刻石。

校勘記

〔一〕「當」，諸本俱同，據文意改。

新增格古要論卷四

金石遺文

畫記唐昌黎韓愈退之

雜古今人物小畫共一卷，騎而立者五人，騎而披甲載兵立者十人。一人騎，執大旗前立，騎而披甲載兵行且下牽者十人，騎且負者二人，騎執器者二人，騎擁田犬者一人，騎而牽者二人，騎而驅者三人，執羈靮立者二人，騎而下、倚馬臂隼而立者一人，騎而驅涉者二人，徒而驅牧者二人。坐而指使者一人。甲胄手弓矢鈇鉞植者七人，甲胄執幟植者十人。負者七人，偃寢休者二人，甲胄坐睡者一人，方涉者一人，坐而脱足者一人，寒附火者一人。雜執器物役者八人，奉壺矢者一人，舍而具食者十有一人，把且注者四人，牛牽者二人，驢驅者四人。一人杖而負者。婦人以孺子載而可見者六人，載而上下者三人，孺子戲者九人。凡人之事三十有二，爲人大小百二十有三，而莫有同者焉。馬大者九匹，於馬之中，又有上者，下者，行者，牽者，涉者，陸者，翹者，顧者，鳴者，寢者，訛者，立者，人立者，齕者，飲者，溲者，陟者，降者，癢磨樹者，噓者，嗅者，喜相戲者，怒相踶齧者，秣者，騎者，驟者，走者，載服物者，載狐兔者。凡馬之事二十有七，爲馬大小八十有三，而莫有同者焉。牛大小十一頭，橐駝三頭，驢如橐駝之數而加其一焉。隼一，犬、羊、狐、兔、麋、鹿共三十。旃車三兩，雜兵器、弓矢、旌旗、刀劍、矛楯、弓服矢房、甲胄之屬，缾、盂、簦、笠、筐、筥、錡、釜飲食服用之器，壺矢博弈之具，二百五十有一，皆曲極其妙。貞元甲戌年，余在京師，甚無事，同居有獨孤生申叔者，始得此畫，而與余彈棊，余幸勝而獲焉，意甚惜之，以爲非一工人之所能運思，蓋聚集眾工人之所長耳，雖百金不願易也。明年出京師，至河陽，與二三客論畫品格，因出而觀之，座有趙侍御者，君子人也，見之，戚然若有感然。少而進曰：「噫，余之手摹也，亡之且二十年矣。余少時常有志乎兹事，得國本，絕人事，而摹得之。遊閩中而喪焉，居閑處獨，時往來余懷也，以其始爲之勞而夙好之篤也。今雖遇之，力不能爲已，且命工人存其大都焉。」余既甚愛之，又感趙君之事，因以贈之，而記其人物之形狀與數，而時觀之以自釋焉。

觀八駿圖説 唐河東柳宗元子厚

古之書，有記周穆王馳八駿升崑崙之墟者，後之好事者爲之圖，宋、齊以下傳之。觀其狀甚怪，咸若騫若翔，若龍鳳、麒麟，若螳蜋，然其書尤不經，世多有，然不足采。世聞其駿也，因以異形求之，則其言聖人者亦類是矣。故傳伏羲曰牛首，女媧曰其形類蛇，孔子如倛頭，若是者甚衆。孟子曰：「何以異于人哉，堯舜與人同耳。」今夫馬者駕而乘之，或一里而汗，或十里而汗，或千百里而不汗者，視之，毛物尾鬣，四足而蹏，齕草飲水，一也。推是而至於駿亦類也。今夫人有不足爲負販者，有不足爲吏者，有不足爲士大夫者，有足爲者，視之，圓首橫目，食穀而飽肉，絺而清，裘而燠，一也。推是而至於聖亦類也。然則伏羲氏、女媧氏、孔子氏，是亦人而已矣，驊騮、白義、山子之類，若果有之，是亦馬而已矣，又烏得爲牛爲蛇，爲倛頭，爲龍鳳、麒麟、螳圖者，舉而焚之，則駿馬與聖人出矣。

人者，不求之人，而必若牛若蛇若倛頭之間，故終不能有得於聖人也。誠使天下有是

蜋然也哉。然而世之慕駿者，不求之馬，而必是圖之似，故終不能有得於駿也。慕聖

龍馬圖贊柳子厚

始吾聞明皇帝在位，靈昌郡得異馬於河，而莫知其形，好事者涿人盧遵，以其圖來示余。其狀龍鱗、虺尾、拳毛、環目、肉鬣，馬之靈怪有是耶。居帝閑爲馬幾二十年，從封禪郊籍，鳴和鑾者數十事，遇禍亂，帝西幸，馬至咸陽西，入渭水，化爲龍，泳去，不知所終。且其來也宜於時，其去也存其神，是全德也。既覩其形，不可以不贊。

靈和粹異，孕至神兮。倮尾童鬣，疏紫鱗兮。巍然特出，瑞聖人兮。理平和樂，百樂陳兮。鳴鑾在御，大路遵兮。世尨道悖，還吾真兮。哀鳴延首，慕水濱兮。沛焉潛泳，旋奫淪兮。淵居海逝，靈無鄰兮。出處孔時，類至仁兮。嗟爾眾類，孰是倫兮。進昏死亂，阽厥身兮。匪馬之慕，吾誰親兮。贊之斯圖，宜世珍兮。

宋金石遺文

集古録目序 宋廬陵歐陽修永叔

物常聚於所好，而常得於有力之彊，有力而不好，好之而無力，雖近且易，有不能致之。象犀虎豹，蠻夷山海殺人之獸，然其齒角皮革可聚而有也。玉出崑崙流沙萬里之外，經十餘譯乃至乎中國。珠出南海，常生深淵，採者腰絙而入水，形色非人，往往不出，則下飽蛟魚。金礦於山，鑿深而穴遠，篝火餱糧而後進，其崖崩窟塞，則遂葬於其中者，率常數十百人，其遠且難而又多死禍常如此。然而金玉珠璣，世常兼聚而有也，凡物，好之而有力，則無不至也。湯盤、孔鼎、岐陽之鼓，岱山、鄒嶧、會稽之刻石，與夫漢、魏以來聖君賢士桓碑彝器銘詩序記，下至古文籀篆分隸諸家之字書，皆三代以來至寶，怪奇偉麗工妙可喜之物，其去人不遠，其取之無禍。然而風霜兵火，湮淪磨滅，散棄於山崖墟莽之間，未嘗收拾者，由世之好者少也，幸而有好之者，又其力或不足，故僅得其一二，而不能使其聚也。夫力莫如好，好莫如一，予性顓而嗜古，凡世人之所貪者，皆無欲於其間，故得一其所好於斯。好之已篤，則力雖未足，猶能致之。故上自周穆王以來，下更秦、漢、隋、唐、五代，外至四海九州，名山大澤，窮崖絶谷，荒村破塚，神仙鬼物，詭怪所傳，莫不皆有，以爲《集古録》。以爲轉寫失真，轉一作傳。故因其石本，軸而藏之，有卷帙次第，而無時世之先後，蓋其聚多而未已，故隨其所得而録之。又以謂聚多而終必散，乃撮其大要，别爲録目，因并載夫可與史傳正其闕謬者，以傳後學，庶益於多聞。或譏予曰：「物多則其勢難聚，聚久而無不散，何必區區於是哉。」予對曰：「足吾所好玩，而老焉可也，象犀金玉之聚，其能果不散乎，予固未能以此而易彼也。」廬陵歐陽修序。

集古録跋尾十條。歐陽修。

右漢公昉碑者，乃漢中太守南陽郭芝爲公昉修廟記之漢碑，今在者類多磨滅，而此記文字，僅存可讀。所謂公昉者，初不載其姓名，但云君子公昉爾。又云耆老相傳，以爲王莽居攝二年，君爲郡吏，啖瓜，旁有真人居，左右莫察，君獨進美瓜，又從而敬禮之，真人者遂與期谷口山上，乃與君神藥，曰服藥以從，當移意萬里，知鳥獸言語。是時府君去家七百餘里，休謁往來，轉景即至，闔郡驚焉。自爾府君徙爲御史，鼠齧被具，君乃畫地爲獄，召鼠誅之，視其腹中，果有被具。府君欲從學道，頃無所進，府君怒，敕尉部吏收公昉妻子。公昉呼其師，告以厄，其師以藥飲公昉妻子，曰可去乎，妻子戀家不忍去。於是乃以藥塗屋柱，飲牛馬、六畜，須臾有大風雪，來迎公昉妻子，屋宅六畜，翛然與之俱去。其説如此，可以爲怪異矣。嗚呼，自聖人没而異端起，戰國、秦、漢之際，奇辭怪説，紛然爭出，不可勝數。久而佛之徒來自西夷，老之徒起於中國，而二患交攻，爲吾儒者往往牽而從之。其卓然不惑者，僅能自守而已，欲排其説而黜之，常患乎力不足也。如公昉之事，以語愚人豎子，皆知其妄矣，不待有力而後能破其惑也。然彼漢人乃刻之金石，以傳後世，其意惟恐後世之不信。然後世之人，未必不從而惑也。

右漢太尉劉寬碑陰題名。寬碑有二，其故吏門生各立其一，此題名在故吏所立之碑陰，其别列於後者，在寬子松之碑陰也。寬以漢中平二年卒，至唐咸亨元年，其裔孫胡城公爽，以碑歲久皆仆於野，爲再立之，并記其世序。嗚呼，前世士大夫世家，著之譜牒，故自中平至咸亨四百餘年，而爽能知其世次如此之詳也。蓋自黄帝以來，子姓分國受姓，歷堯舜三代數千歲間，《詩》、《書》所紀，皆有次序，豈非譜繫源流，傳之百世不絶歟，此古人所以爲重也。不然，則士生於世，皆莫自知其所出，而昧其世德遠近，其所以異於禽獸者，僅能識其父祖爾，其可忽哉。唐世譜牒尤備，士大夫務以世家相高，至其弊也，或陷輕薄，婚姻附託，邀求貨賂，君子患之。然而士子修飭，喜自樹立，兢兢惟恐墜其世業，亦以有譜牒而能知其世也。今之譜學亡矣，雖名臣巨族，未嘗有家譜者。然而俗習苟簡，廢失者非一，豈止家譜而已哉。

右王獻之法帖。余嘗喜覽魏晋以來筆墨遺跡，而想前人之高致也。所謂法帖者，其事率皆弔哀候病，敘暌離，通訊問，施於家人朋友之間，不過數行而已。蓋其初非用意，而逸筆餘興，淋漓揮灑，或妍或醜，百態横生，披卷發函，爛然在目，使人驟見驚絶，徐而視之，其意態愈無窮盡，故使後世得之以爲奇翫，而想見其人也。至於高文大册，何嘗用此。而今人不然，至或棄百事，弊精瘦力，以學書爲事業，用此終老而窮年者，是真可笑也。《宋文鑑》「百事」下「瘦」字作「疲」字。

右昭仁寺碑，在幽州，唐太宗與薛舉戰處也。唐自起義，與羣雄戰處，後皆建佛寺，云爲陣亡士薦福。湯、武之敗桀、紂，殺人固亦多矣，而商、周享國皆數百年，其荷天子祐者，以其心存大公，爲民除害也。唐之建寺，外雖託爲戰亡之士，其實自贖殺人之咎爾。然撥亂開基，有足壯者，及區區於此，不亦陋哉。碑文朱子奢撰，而不著書人名氏，字畫甚工，此余所録也。

右放生池碑，不著書撰人名氏。放生池，唐世處處有之，王者施澤，及於草木昆蟲，使一物必遂其生，而不爲私惠也，惟天之生萬物，所以資於人也。然代天而治物者，常爲之節，使其足周於用而不過，萬物得遂其生而不失，三代之政，如斯而已。《易大傳》曰：「庖犧氏之王也，能通神明之德，以類萬物之情，作結繩而爲網罟，以佃以漁。」蓋言其始教民，取物資生，而爲萬世之利，此所以爲聖人也。浮圖氏之説，乃謂殺物者有罪，而放生者得福，苟如其言，則庖犧氏遂爲人間之聖人，地下之罪人矣。

右司刑寺大脚跡并碑銘二，閻朝隱撰。附詩曰：「匪手攜之，言示之事。」蓋諭昏愚者不可以理曉，而決疑惑者難用空言，雖示之已驗之事，猶懼其不信也。此自古聖賢以爲難。《語》曰：「中人以下，不可以語上者。」聖人非棄之也，以其語之難也。佛爲中國大患，非止中人以下，聰明之智，一有惑焉，有不能解者矣。方武氏之時，毒被天下，而刑獄慘烈，不可勝言。而彼佛者，遂見光跡於其間，果何爲哉？自古君臣事佛，未有如武氏之時盛也，視朝隱等碑銘可見矣。然禍及生民，毒流王室，亦未有若斯之甚也。碑銘文辭不足録，録之者所以警也：俾覽者知無佛之世，詩書雅頌之聲，斯民蒙福者如彼；有佛之盛，金石文章與其人之被禍者如此。可以少思焉。

右《華陽頌》，唐玄宗詔，附玄宗尊號。曰「聖文神武皇帝」，可謂盛矣，而其自稱曰上清弟子者，何其陋哉。方其肆情奢淫，以極富貴之樂，蓋窮天下之力，不足以贍其欲，使神仙道家之事爲不誣，亦非其所可冀，矧其實無可得哉。甚矣，佛老之爲世惑也：佛之徒曰無生者，是畏死之論也；老之徒曰不死者，是貪生之説也。彼其所以貪畏之意篤，則棄萬事、絶人理而爲之，然而終於無所得者，何哉？死生，天理之常，畏者不可以苟免，貪者不可以苟得也，惟積習之久者，成其邪妄之心。佛之徒有臨死而不懼者，妄意乎無生之可樂，而以其所樂勝其所可畏也。老之徒有死者則相與諱之曰，彼超去矣，彼解化矣，厚自誣而託之不可詰。或曰，彼術未至，故死爾。前者苟以遂其非，後者從而惑之，以爲誠然也。佛、老二者，同出於貪，而所習則異，然由必棄萬事、絶人理而爲之，其貪於彼者厚，則捨於此者果。若玄宗者，方溺於此，而又慕於彼，不勝其勞，是真可笑也。

右《令長新戒》。唐開元之治盛，玄宗嘗自擇縣令一百六十三人，賜以丁寧之戒，其後天下爲縣者，皆以新戒刻石，今猶有存者。余之所得者六，世人皆忽，不以爲貴也。玄宗自除難遂至太平，世徒以爲英豪之主，然不知其興治之勤，用心如此，可謂爲政知本末矣。然鮮克有終，明智所不免，惜哉。《新戒》凡六，其一河内，其二虞城，其三不知所得之處，其四汜水，其五穰，其六舞陽。

右《平泉草木記》，李德裕撰。余嘗讀鬼谷子書，見其馳説諸侯之國，必視其爲人材性賢愚，剛柔緩急，而伺其好惡喜懼憂樂而捭闔之。陽開陰塞，變化無窮，顧天下諸侯，無不在其術中者。惟不見其所好者，不可得而説也。以此知君子宜慎其所好，蓋泊然無欲，而禍福不能動，利害不能誘，此鬼谷之術所不能爲者，聖賢之高致也。其次簡其所欲，不溺於所好，斯可矣。若德裕者，處富貴，招權利，而好奇貪得之心不已，至或疲弊精神於草木，斯其所以敗也。其遺戒有云：「壞一草一木者，非吾子孫。」此又近乎愚矣。

右華岳題名，自唐開元二十三年訖後唐清泰二年，實二百一年，題名者五百十一人，再題者又三十一人，録爲十卷，往往當時知名士也。或兄弟同遊，或子姪并侍，或寮屬將佐之咸在，或山林處士之相攜，或奉使奔命，有行役之勞，或窮高望遠，極登臨之適，其富貴貧賤，歡樂憂悲，非惟人事百端，而亦世變多故。開元二十三年歲在乙亥，是歲天子躬耕籍田，肆大赦，羣臣方頌太平，請封禪，蓋有唐極盛之時也。清泰二年歲在乙未，廢帝潞王篡立之明年也，是歲石敬塘以太原反，召契丹入自雁門，廢帝自焚於洛陽，而晋高祖入自太原，五代極亂之時也。始終二百年間，或治或亂，或盛或衰，而往者來者，先者後者，雖窮達壽夭，參差不齊，而斯五百人者，卒歸於共盡也。

其姓名歲月，風霜剥裂，亦或在或亡，其存者獨有千仞之山石爾。故特録其題刻，每撫卷慨然，何異臨長川而歎逝者也。

讀李翺文 歐陽修

予始讀翺《復性書》三篇，曰：「此《中庸》之義疏爾，智者識其性，當復《中庸》，愚者雖讀此不曉也，不作可焉。」又讀《與韓侍郎薦賢書》，以謂翺特窮時憤世無薦己者，故丁寧如此，使其得志，亦未必然。以翺爲秦、漢間好俠行義之一豪儁，亦善論人者也。最後讀《幽懷賦》，然後置書而歎，歎已，復讀不自休，恨翺不生於今，不得與之交，又恨予不得生翺時，與翺上下其論也。况乃翺一時有道而能文者，莫若韓愈，愈嘗有賦矣，不過羨二鳥之光榮，歎一飽之無時爾，推是心，使光榮而飽，則不復云矣。若翺獨不然，其賦曰：「衆囂囂而雜處兮，咸歎老而嗟卑，視予心之不然兮，慮行道之猶非。」又怪神堯以一旅取天下，後世子孫不能以天下取河北以爲憂。嗚呼，使當時君子，皆易其歎老嗟卑之心，爲翺所憂之心，則唐之天下，豈有亂與亡哉。然翺幸不生今時，見今之事，則其憂又甚矣。奈何今之人不憂也。余行天下，見人多矣，脱有一人能知翺憂者，又皆疏遠，與翺無異。其餘光榮而飽者，一聞憂世之言，不以爲狂人，則以爲病癡子，不怒則笑之矣。嗚呼，在位而不肯自憂，又禁他人使皆不得憂，可歎也夫。

書董子春秋繁露後 歐陽修

《漢書·董仲舒傳》載仲舒所著百篇，第云《清明》、《竹林》、《玉杯》、《繁露》之書，蓋略舉其篇名。今其書纔四十篇，又總名《春秋繁露》者，失其真也。予在館中校勘羣書，見有八十餘篇，然多錯亂重複，又有民間應募獻三十餘篇，其間數篇在八十篇外。乃董生之書，流散而不全，方俟校勘，而予得罪，夷陵秀才田文初以此示予，不暇讀。明年春，得假之許州，以舟下南郡，獨臥閲此，遂誌之。董生儒者，其論深極《春秋》之旨，然或於改正朔而云王者大一元者，牽於其師之説，不能高其論以明聖人之道，惜哉惜哉。

薦司馬光札子 歐陽修

臣伏見龍圖閣直學士司馬光，德性淳正，學術通明，自列侍從，久司諫諍，讜言嘉話，著在兩朝。自仁宗至和服藥之後，羣臣便以皇嗣爲言，五六年間，言者雖多，而未有定議。最後光以諫官極論其事，敷陳激切，感動主聽，仁宗豁然開悟，遂決不疑，由是先帝選自宗藩，入爲皇子。曾未踰年，仁宗奄棄萬國，先帝入承大統，蓋以人心先定，故得天下帖然。今以聖繼聖，遂傳陛下，由是言之，光於國有功爲不淺矣，可謂社稷之臣也。而其識慮深遠，性尤慎密，光既不自言，故人亦無知者。臣以忝在政府，因得備聞其事，臣而不言，是謂蔽賢掩善。《詩》云：「無言不酬，無德不報。」光今雖在侍從，日承眷待，而其忠國大節，隱而未彰，臣既詳知，不敢不奏。

薦王安石呂公著札子 歐陽修

臣伏見陛下仁聖聰明，優容諫諍，雖有狂直之士，犯顔色而觸忌諱者，未嘗不終始保全，往往亟加擢用，此自古明君聖主之所難也。然而用言既難，獻言者亦不爲易。論小事者，既可鄙而不足爲，陳大計者，又似迂而無速效，欲微諷則未能動，將直陳則忤貴權。而旁有羣言，奪於衆力，所陳多未施設，其人遽已改遷。致陛下有聽言之勤，而未見用言之效，頗疑言事之職，但爲速進之階。蓋緣臺諫之官，資望已峻，少加進擢，便履清華，而臣下有厭人言者，因此亦得進説，直云此輩務要官職，所以多言，使後來者其言益輕，而人主無由取信，辜陛下納諫之意，違陛下賞諫之心。臣以謂，欲救其失，惟宜擇沉默端正、守節難進之臣，置以諫署，則既無干進之疑，庶或其言可信。伏見殿中丞王安石，德行文學，爲衆所推，守道安貧，剛而不屈。司封員外郎吕公著，是夷簡之子，器識深遠，沉靜寡言，富貴不染其心，利害不移其守。安石久更吏事，兼有時才，曾召試館職，固辭不就。公著性樂閑退，淡於世事，然所謂夫人不言，言必有中者也。往年陛下上遵先帝之制，增置諫官四員，已中廢，復上兩員。今諫官尚有虚位，伏乞用此两人，補足四員之數，必能規正朝廷之得失，裨益陛下之聰明。臣叨被榮恩，未知報效，苟有所見，不敢不言，今取進止。

薦布衣蘇洵狀 歐陽修

臣猥以庸虚，叨塵待從，無所裨補，常愧心顔。竊慕古人薦賢推善之意，以謂爲時得士，亦報國之一端。往時自國家下詔書，戒時文，諷勵學者以近古。蓋自天聖迄今二十餘年，通經學古、履忠守道之士，所得不可勝數。而四海之廣，不能無山巖草野之遺，其自重者，既伏而不出，故朝廷亦莫得而聞，此乃如臣等輩所宜求而上達也。伏見眉州布衣蘇洵，履行純固，性識明達，亦嘗一舉有司，不中，遂退而力學。其論議精於物理，而善識變權，文章不爲空言，而期於有用。其所撰《權書》、《衡論》、《機策》二十篇，辭辯閎偉，博於古而宜於今，實有用之言，非特能文之士也。其人文行，久爲鄉閭所稱，而守道安貧，不營仕進，苟無薦引，則遂棄於聖時。其所撰書二十篇，臣謹隨狀上進，伏望聖慈下兩制看詳，如有可採，乞賜甄録。謹具狀奏聞，伏候敕旨。

舉蘇軾應制科狀歐陽修

右臣伏以國家開設科目，以待儁賢，又詔两省之臣，舉其所知，各以聞達，所以廣得人之路，副仄席之求。臣雖庸暗，其敢不勉。臣伏見新授河南府福昌縣主簿蘇軾，學問通博，姿識明敏，文采爛然，論議鑫出，其行業修飭，名聲甚遠。臣今保舉，堪應材識兼茂才明於體用科，欲望聖慈召付有司，試其所對，如有謬舉，甘伏朝典。

舉章望之曾鞏王回充館職狀歐陽修

右臣猥以庸虚，過蒙獎任。竊惟古人報國之效，無先薦賢，雖知人之難，愧於不廣，而高材實行，亦莫多得，苟有所見，其敢默然。臣竊見祕書省校書郎章望之，學問通博，文辭敏麗，不急仕進，行義以修，東南士子，以爲師範。太平州司法參軍曾鞏，自爲進士，已有時名，其所爲文章，流布遠邇，志節高爽，自守不回。前亳州衛真縣主簿王回，學行絶固，論議精明，尤通史傳姓氏之書，可備顧問。此三人者，皆一時之秀，宜被朝廷樂育之仁，而或廢處江湖，或沉淪州縣，不獲聞達，議者惜之。其章望之、曾鞏、王回，臣今保舉，堪充館閣職任，欲望聖慈特賜甄擢，如後不如舉狀，甘當同罪。

慎改竄蘇子瞻

近世人輕以意改書，鄙淺之人，好惡多同，故從而和之者眾，遂使古書日就訛舛，深可忿疾。孔子曰：「吾猶及史之闕文也。」自予少時，見前輩皆不敢輕改書，故蜀本大字書皆善本。蜀本《莊子》云：「用志不分，乃疑于神。」此與《易》：「陰疑于陽」，《禮》：「使人疑汝于夫子」同，今四方本皆作「凝」。陶潛詩：「採菊東籬下，悠然見南山。」採菊之次，偶然見山，初不用意，而境與意會，故可喜也。今皆作「望南山」。杜子美云：「白鷗没浩蕩，萬里誰能馴」，蓋滅没於煙波間耳。而宋敏求謂余云：「鷗不解没」，改作波字。二詩改此兩字，便覺一篇神氣索然也。

六一居士傳後蘇子瞻

蘇子曰：「居士可謂有道者也。」或曰：「居士非有道者也。有道者無所挾而安，居士之於五物，捐世俗之所爭，而拾其所棄者也，烏得爲有道乎。」蘇子曰：「不然。挾五物而後安者，惑也。釋五物而後安者，又惑也。且物未始能累人也，軒裳圭組，且不能爲累，而況此五物乎。物之所以能累人者，以吾有之也。吾與物俱不得已，而受形於天地之間，其孰能有之。而或者以爲己有，得之則喜，喪之則悲。今居士自謂六一，是其身均與五物爲一也，不知其有物耶。物有之也，居士與物均爲不能有，其孰能置得喪於其間。故曰居士可謂有道者也。雖然，自一觀五，居士猶可見也，與五爲六，居士不可見也，居士殆將隱矣。」

樂毅論後蘇子瞻

《魏氏春秋》，夏侯玄著，樂毅、張良及《本無肉刑論》，辭旨通遠，傳於世。然以余觀之，燕師之伐齊，猶未及桓、文之舉也，而以爲幾湯、武，豈不過甚矣乎。初玄好老、莊、《道德》之言，與何晏等皆有盛名，然卒陷曹爽黨中，玄亦不免。李豐之禍，晏目玄以《易》之所謂深者，而玄目晏以神。及其遇禍，深與神皆安在乎。羣鬼妄作名字，自相刻畫，類皆如此，可以發千載之一笑。

篆髓後 蘇子瞻

滎陽鄭惇方，字希道，作《篆髓》六卷，《字義》一篇。凡古今字說，班、揚、賈、許、二李、二徐之學，其精者皆在。間有未盡，傳以新意，然皆有所考本，不用意斷曲說，其疑者蓋闕焉。凡學術之邪正，視其爲人，鄭君信厚君子也，其言宜可信。余嘗論學者之有《說文》，如醫之有《本草》，雖草木金石，各有本性，而醫者用之，所配不同，則寒溫補瀉之效，隨用各別。而自漢以來，學者多以一字考經，字同義異，皆欲一之，雕刻采繪，必成其說，是以六經不勝異說，而學者疑焉。孔子曰：「夫聞也者，色取仁違，居之不疑。」則聞爲小人。而《詩》曰：「允矣君子，展也大成，之子于征，有聞無聲。」則聞爲君子。又曰：「君子周而不比。」則比爲惡。而《易》曰「地上有水，比」，「以建萬國、親諸侯」。則比爲善。有子曰：「知和而和，不以禮節之，亦不可行也。」則所謂和者，同而已矣。而孔子曰：「君子和而不同。」若此者多矣。「喪欲速貧，死欲速朽」，此以八字成文，然猶不可一，曰言各有當也，而況欲以一字一之耶。予愛鄭君之學簡而通，故私附其後。

孔子世家議 宋臨川王安石介甫

太史公序帝王，則曰本紀，公侯傳國，則曰世家，公卿特起，則曰列傳，此其例也。其列孔子爲世家，奚其進退無所據耶？孔子，旅人也，棲棲衰季之世，無尺土之柄，此列之以傳宜矣，曷爲世家哉？豈以仲尼躬將聖之資，其教化之盛，舄奕萬世，故爲之世家以抗之？又非極摯之論也。夫仲尼之才，帝王可也，何特公侯哉？仲尼之道，世天下可也，何特世其家哉？處之世家，仲尼之道，不從而大，置之列傳，仲尼之道，不從而小，而遷也自亂其例，所謂多所牴牾者也。

金石録跋尾　宋南豐曾鞏子固

茅君碑。三茅者，盈，太元真君；固，定録真君；衷，保命仙君：皆漢景帝中元間人。盈武帝天漢四年道成，至元帝初元五年，來江左句曲之山，哀帝元壽二年，乘雲而去，至梁普通三年，五百四十四年矣。固至孝元帝時拜執金吾卿；衷，宣帝地節四年拜上郡太守，五更大夫：并解任還家修學。成帝永始三年，固爲定録真君，衷爲保命仙君。梁普通三年，道士張繹建此碑，孫文韜書。

常樂寺浮圖碑，周保定四年立，州人治記室曹胡逵撰。其辭云：「襄州刺史王秉，字孝直，建常樂寺甎塔七層。」其碑文今仆，在襄州開元寺塔院。其文字書畫無過人者，特以後周時碑文少見於世者，故存之。

九成宮《醴泉銘》，祕書省檢校侍中鉅鹿郡公魏徵撰，兼太子率更令歐陽詢書。

九成宫乃隋之仁壽宫也，魏爲此銘，亦欲太宗以隋爲戒，可以見魏之志也。

魏侍中王粲《石井欄記》，貞元十七年山南東道節度使于頔撰，掌書記胡證書。記一，參謀太子舍人甄濟撰，判官彭朝議書。云上元二年，山南東道節度使來瑱移井欄，置於襄州刺史官舍，故为記。甄濟者，韓愈所謂陽瘖避職，卒不汙禄山父子事者也，其文得之为可喜，而朝議書尤善，皆可愛者也。

襄州遍學寺禪院碑，黄門侍郎修國史韋承慶撰，太子少詹事鍾紹京書，開元二年立。其文云，襄州人將仕郎阮弘靜，與其屬人建遍學寺禪院，故立此碑。承慶有辭學，張易之敗時，承慶以附託方待罪，衆推令草赦書，承慶援筆而成，衆壯之。紹京景龍中以苑總監從討韋氏有功，性嗜書，家藏王羲之、獻之、褚遂良書至數十百卷，以善書直鳳閣。武后時，榜諸宫殿明堂及銘九鼎，皆紹京書也。其字畫妍媚，遒勁有法，誠少與爲比。然今所見，特此碑尚完，尤爲可愛也。遍學寺於宇文周爲常樂寺，於今爲開元寺。

丁道護書啟法寺碑一，興國寺碑一，皆隋開皇中立。啟法寺今爲龍興寺，在襄陽城西。興國寺今爲延慶寺，在望楚山。歐陽永叔云，興國寺碑不知所在，特見其摹本於太學官楊衷家。而此碑陰，又有道護書襄州鎮副總管府長史柳止戈而下十八官號姓名，其字猶可喜。得之自余始，世蓋未有傳之者也。

《韓公井記》，開元二十二年初，置十道採訪使，韓朝宗以襄州刺史兼山南東道。襄州南楚故城，有昭王井，傳言汲者死，行人雖喝困，不敢視。朝宗移書諭神，自是飲者亡恙，人更號韓公井。楚故城今謂之故牆，即焉也。此記今移在郡廨中。故城改爲牆者，由梁太祖父烈祖名誠，當時避之，故至今猶然。

晉陸禕碑。此碑云：「禕字元容，吴郡吴人，其先家於陸鄉，因氏姓焉，顯考吴故左丞相凱〔一〕。赤烏六年召宿衛郎中，轉右郎中、左郎中、治書執法、平中校尉、平義都尉、五官郎中、騎都尉，遷黄門侍郎，封海鹽縣侯，加裨將軍，行左丞相鎮西大將軍事。」又云：「委戈執笏，入賓皇儲。」而《吴志》云：「孫皓大鼎元年，以陸凱爲左丞相。」又云：「凱子褘初爲黄門侍郎，出領部曲，拜偏將軍，凱亡後，入爲太子中庶子。」皆與此碑合，而此碑晋泰寧三年立也。

《尚書省郎官石記序》，陳九言撰，張顛書，記自開元二十九年郎官石名氏爲此序。張顛草書見於世者，其縱放可怪，近世未有，而此序獨楷字，精勁嚴重，出於自然，如動容周旋中禮，非强爲者。書一藝耳，至於極者乃能如此。其楷字蓋罕見於世，則此序尤爲可貴也。

桂陽周府君碑并碑陰。歐陽永叔按《韶州圖經》云：「後漢桂陽太守周府君廟，在樂昌縣西一百一十八里武溪上。武溪驚湍激石，流數百里，昔馬援南征，其門人爰寄生善吹笛，援爲作歌和之，名曰《武溪深》，曰：『滔滔武溪一何深，鳥飛不渡，獸不能臨，嗟哉溪，何毒淫。周府君，開此溪，合真水。』桂陽人便之，爲立廟刻石。」又云：「碑在廟中，郭蒼文，今碑文磨滅。云『府君字君光』，而名已訛缺不辨。《圖經》但云周府君，亦不著其名，《後漢書》又無傳，遂不知爲何人也。」按武水源出郴州臨武縣鸕鷀石，南流三百里入桂陽，而桂陽水、真水、黎溪、盧溪、曹溪諸水，皆武水合流，其俗謂水湍浚爲瀧溪。退之詩云「南下樂昌瀧」，即此水也。碑首題云「神漢」者，如唐人云「聖唐」爾，蓋當時已爲此語，而史傳他書無之，獨見於此碑也。熙寧八年，余從知韶州王之材求得此本，之材又以書來曰，按《曲江縣圖經》，周府君名昕，字君光，則永叔云《圖經》不著其名者，蓋考之未詳也。又有碑陰，列故吏及工師官號，州里姓名，之材并摸以來，永叔蓋未之得也。其碑陰「曲江」字皆作「曲紅」，而「蒼江」字、「江夏」字一作「紅」，蓋古字通用，不可不知，此學者所以貴乎博覽也。永叔又記劉原父所得商洛之鼎銘云：「惟十有三月，旁死魄。」君謨問十四月者何謂，原父不能言也。以余考之，古字「如」亦作「衮」，「人」作「㕣」之類，皆重出，如此者甚衆。則此文作「三」者，特「二」字耳。永叔、原父、君謨皆博識，而亦有所未達，學者又不可不知，故并見之於此也。

《唐安鄉郡開元寺臥禪師浄土堂碑銘》，監察御史張鼎撰，雍縣尉吴郁書，天寶九載庚寅立。稱臥禪俗姓辛名順忠，隴西狄道人，隴右按察使崔昇進奏，住河州開元寺。右脅而臥，諸漏已無。開元中詔隴右節度使張守珪爲就寺造浄土堂，故爲銘。自河隴没於羌夷，州縣城郭，官寺民廬，莫不毁廢，唯佛寺與碑銘文字載佛寺者，往往多在。世皆以爲四方幽遠，殊類異俗，不知禮義，出於天性，故夷之。然其於佛皆知信慕，以其有罪福報應之説。余以謂四夷雖恣睢甚者，及曉之以曲直是非，悦且從也，固不可謂其天性無欲善之端。是以虞夏之世，東漸於海，西被於流沙，朔南暨聲教，則能令其信慕者，亦非特有佛而已也。彼以罪福報應之説動之，未若不動之以利害，而使之心化，此先王之德所以爲盛也。

《江西石幢記》，觀察支使試左武衛兵曹參軍來擇撰，太和二年建。自採訪使班景倩兼知黔中道爲始，判官已下皆列次姓名。《後石幢記》，都團練判官試太常寺協律郎李方玄撰，太和七年建。自使檢校右散騎常侍兼侍御史中丞裴誼爲始，副使已下皆列次姓名。《續石幢記》，節度掌書記陳象撰，光化三年建。自使開府儀同三司檢校太保兼侍中潁川郡鍾某爲始，列副使已下如《後記》。《續立石柱題名記》，知節度判官胡順之撰，天聖元年建。自太平興國元年自殿中丞通判軍州事李斡爲始，至熙寧九年祠部郎中集賢校理葉均。

《辱井銘》。辱井有篆文云：「辱井在斯，可不戒乎」，并下文共十八字，在井石檻上，不知誰爲文。又有景〔二〕陽樓《下井銘》，又有陳後主叔寶《辱井記》，云：「江寧縣興嚴寺井石檻銘，莫知誰作也，歷序隋文帝命晋王廣伐陳。後主自投井中，令人取之，驚其太重，及出，乃與張貴妃、孔貴人三人同束而上。」其末云「唐開元二十二年三月十七日，前單父縣令左轉此縣丞太原王」，已下闕。

《漢武都太守漢陽阿陽李翕西狹頌》，武都太守漢陽阿陽李翕，字伯都，以郡之西狹閣道通梁、益，緣壁立之山，臨不測之溪，危難阻峻，數有顛覆賈墜之害，乃與功曹吏李旻定筴，敕衡官掾仇審治東阪，又秩李瑾治西阪，鐉燒大石，改高即平，正曲廣阸。既成，人得夷塗，可以夜涉。迺相與作頌刻石，其頌有二，其所識一也。其一立於建寧四年六月十三日壬寅，其一是年六月三十日立也。又稱翕嘗令澠池，治崤嶔之道，有黄龍、白鹿之瑞，其後治武都，又有嘉禾、甘露、木連理之祥，皆圖畫其像，刻石在側。蓋嘉祐之間，晁仲約質夫爲興州，還京師，得《郙閣頌》以遺余。稱析理橋郙閣，漢武都太守阿陽李翕字伯都之所建，以去沉没之患。而翕字殘缺不可辨，得歐陽永叔《集古録目跋尾》，以爲李會，余亦意其然。及熙寧十年，馬瑊中玉爲轉運判官於江西，出成州，所得此頌以視余，始知其爲李翕也。永叔於學博矣，其於是正文字尤審，然一以其意質之，遂不能無失，則古之人所以闕疑，其可忽歟。近世士大夫喜藏畫，自晋已來，名能畫者，其筆跡有存於尺帛幅紙，蓋莫知其真僞，往往皆傳而貴之，而漢畫則未有能得之者。及得此圖所畫龍、鹿、承露人、嘉禾、連理之木，然後漢畫始見於今，又皆出於石刻，可知其非僞也。漢武帝元鼎六年，以汧、隴西南接於巴、蜀，爲武都郡，及其後始分而爲興州、爲成州，成都則武都之上禄也。郙閣立於建寧五年，翕治崤嶔西狹郙閣之道，有益於人，而史不傳，則頌之作所以備史之闕，是則傳之亦不可以不廣也。

法帖題跋

跋黄庭經 九靈先生金華戴良叔能

《黄庭經》爲王氏父子所書者，皆不可復見。宋儒評其小字殘缺者，蓋是永禪師書，字差大者，是吴通微書，差長而瘦勁，則徐浩筆耳。此帖揭祕監稱其温潤可喜，當是世之善本，第不知果出永禪師筆耶，抑通微之與浩也？東坡、山谷輩復生，當必能辨之矣。

跋敘古千文朱文公

右《敘古千文》，故禮部侍郎胡公明仲所作，其敘事立言，昭示法戒，實有《春秋》經世之志。至於發明大統，開增正塗，則又於卒章深致意焉。新學小童，朝夕諷之而明其義，亦足以養正於蒙矣。清江劉孟容出其先朝奉君所書八分小卷，莊謹齊一，所以傳家之意甚備，豈亦有取於斯乎。用摹即摹字。刻置南康郡齋，傳諸小學，庶幾其有補云。淳熙己亥八月戊戌，新安朱熹書。

書濂溪先生拙賦後朱熹

右濂溪先生所爲賦篇，聞之其曾孫直卿云，近歲耕者得之溪上之田間，已斷裂，然尚可讀也。熹惟此邦雖陋，然往歲先生嘗辱臨之，乃闢江東道院之東室，牓以「拙齋」，而刻置焉。既以自警，且以告後之君子，俾無蹈先生之所恥者，以病其民云。淳熙己亥秋八月辛丑，熹謹記。

跋米元章帖朱熹

米老書如天馬脱銜，追風逐電，雖不可範以馳驅之節，要自不妨痛快。朱君所藏此卷，尤爲犇軼，而所寫劉無言詩，亦多奇語，信可寶也。淳熙乙巳三月晦日，朱熹仲晦父觀於建陽西山景福僧舍。

跋十七帖朱熹

官本法帖，號爲佳玩，然其真僞已混殽矣。如劉次莊有能書名，其所刻本，亦有中分一字，半居前行之底，半處後行之顛者，極爲可笑。唯此《十七帖》，相傳真的，當時雖已入官帖卷中，而原本故在人間，得不殽亂。此本馬莊甫所摹刻也，玩其筆意，從容衍裕，而氣象超然，不與法縛，不求法脱，真所謂一一從自己胸襟流出者。竊意書家者流，雖知其美，而未必知其所以美也。書詞問訊蜀道山川、人物、屋宇、圖畫，至纖至悉，蓋深有意於遊覽，而竟不遂，豈所謂不朽之盛事，信難偶耶。因念頃年盧阜終更，諸公議遣使蜀，而孝廟記憐，不欲使之遠去，議乃中寢。然東留訖無補報，而徒失西遊之便，每以爲恨。今觀此帖，重以慨然。又念僊遊之日遠，無復有意於人世也。熹記。

跋東郇嶧山碑 王魯齋

東郇趙公出示嶧山碑，俾予綴名其後，此固予之幸也，而未得其說。徐而思之，好古者先當以其人之可尊，次當以其事之可傳，又其次始以其字之可法耳，三者咸無焉，雖古不足貴也。此碑徒以其篆之古也，然登嶧山者不見其石，著史記者又無其詞，蹤跡芒昧，不可致詰。自唐已有棗木本，徐騎省摹唐刻於石，今不可見矣。徐文寶刻於長安者，亦不得宋公本。今刻於墨妙堂者，正與此本同。自騎省以下，又三摹矣，所謂雙鈎者，亦隱然可見。趙東郇謂此雖摹傳之餘，然亦自可貴，此言爲不誣云。

跋嶧山碑黄晋卿

歐陽公謂嶧山無此碑，觀杜子美贈李潮詩，則歐陽公之前，無此碑已久。新齊李公嘗以摹本刻於金陵郡學，其石今亦弗存。此是徐鼎臣摹刻舊本，可寶也。

書先聖先賢圖贊後黄晋卿

右孔子并七十二弟子像，上有宋高宗贊，附以尚書左僕射同中書門下平章事秦檜記，不知何人書。檜所謂搢紳之心，或未純乎儒術，顧馳騁狙詐權譎之説，以徼幸於功利，蓋指當時言恢復者。昔齊襄公復九世之讐，《春秋》大之，則夫言恢復者，未必與孔子異意也，詎可一切以功利目之乎。檜作此記時，距其卒僅七十六日，其罔上誣民之心，至死而不已也。今其説猶與圖贊并存，□□出之，以俟覽者詳焉。

智永真草千文跋尾 金華宋景濂

梁武帝欲學書，命殷鐵石於二王帖選取千文，復召周興嗣次韻，一夕而成，鬢髮爲白，此事最無可疑。王著於淳化中摹勒諸帖上石，見帖中所書「海醎河淡」等字，又謂爲章草之宗，遂誤指爲漢章帝所作。著固不足責。後付劉克莊，乃宏博之士，何爲承著之謬，而謂《千文》實始於漢耶。克莊姑置之。歐陽文忠公名世大儒，其撰《金石録跋尾》，亦謂法帖有漢章帝所書百餘字，其言有「海醎河淡」之類，蓋前世學書者，多爲此語，不獨始於羲之，抑又何耶。非米南宫、黄長睿力詆之，新學小生，未必不爲其所惑。余久憤於中，因題智永所書《千文》，故特表而出之。智永名法極，羲之七世孫，字畫之佳，則有不待贊也。

跋黄庭經 王褘子充

《黄庭經》刻本，出於泰州者，傷於骨勝，出越州者，病於肉多。此本迺北方古刻，肥瘦適均，而神意俱全，信爲佳本，海内絶無而僅有者也。

書學傳授增。吉水解縉。

書自蔡中郎邕字伯喈，於嵩山石室中得八角垂芒之祕，遂爲書家授受之祖。後傳崔瑗子玉、韋誕仲蔣及其女琰文姬，姬傳魏相國鍾繇元常。元常初與關枇杷學書抱犢山，師曹喜、劉得昇，後得韋誕塚所藏書，遂過於師，無以爲比。繇傳庾征西翼、衛夫人李氏及其猶子會，衛夫人傳晋右將軍王羲之逸少。逸少世有書學，先於其父枕中窺見祕奥，與征西相師友，晚入中州，師新衆碑隸，兼崔蔡草，并杜張真，集韋、鍾、章、齊、皇、索，潤色古今，登峯造極。典午之興，書家之盛，若張丞相華，嵇侍中康，山吏部濤，阮步兵籍，向侍中秀輩，翰墨奇秀，皆非其匹。故庾征西始疑而終服，謝太傅得片紙而寶藏，冠絶古今，不可尚已。右軍傳子若孫及郄超、謝朏等，而大令獻之，獨擅厥美。大令傳甥羊欣，羊欣傳王僧虔，僧虔傳梁蕭子雲、阮研、孔琳之。子雲傳隋永欣師智永，智永傳唐虞世興、世南伯始，伯始傳歐陽率更詢信本、褚河南遂良登善，登善傳薛少保稷嗣通，是爲貞觀四家。而孫處禮過庭獨以草法爲世所賞，少保傳李北海邕與賀監知章，同鳴開元之間。率更傳陸長史柬之，柬之傳猶子彦遠，彦遠傳張長史旭，旭傳顔平原真卿、李翰林白、徐會稽浩。真卿傳柳京兆公權、零陵僧懷素藏真、鄔彤、韋玩、崔邈、張從申以至楊少師凝式。疑式傳於南唐韓熙載、徐鉉兄弟。宋興，李西臺建中、周膳部越，皆知名。其後蘇太師軾、黄太史庭堅、米南宫芾、蔡端明襄，卓然爲時名家。蘇舜欽、薛紹彭繼之，以逮南渡，小米傳其家法，盛行於世。王廷筠以南宫之甥，擅名於金，傳子澹游至張天錫。元初，鮮于樞伯機得之，獨吴興趙文敏公孟頫，始事張師之，得南宫之傳，而天資英邁，積學功深，盡掩前人，超入魏、晋，當時翕然師之。康里平章子山得其奇偉，浦城楊翰林仲弘得其雅健，清江范文白公得其灑落，仲穆造其純和，及門之徒，惟桐江俞和子中以書鳴，洪武初後進猶及見之。子山在南臺時，臨川危素太僕饒介介之，得文敏傳授，而太僕以教宋璲仲珩、杜環叔循、詹希元孟舉。孟舉少親受業子山之門，介之以授宋克仲温。而在至正初，揭文安公亦以楷法得名，傳其子法，其孫樞在洪武中仕爲中書舍人，與仲珩、叔循聲名相埒云。

饒介字介之，號醉翁、華盖山樵、浮丘公章子，亦曰介叟，臨川人。遊建康，丁仲容壻畜之，後卒於姑蘇，時歲丁未。

宋克字仲温，一字克温，吴郡人。卒官鳳翔府同知，時洪武丁卯。

宋璲字仲珩，金華人，太史潛溪公仲子。仕止中書舍人，卒於洪武辛酉。

俞和字子中，號紫芝樵者，桐江人，寓居錢塘。洪武中以布衣卒，年八十餘。

杜環字叔循，廬陵值夏人。卒官水部員外郎，時洪武戊辰。

詹希元，後更名希原，字孟舉，新安人，號逸庵、丙寅訥叟。幼從父官勝國，至洪武初爲鑄印副使，後卒官中書舍人。

胡布字子申，盱江人，一字建民。得書法於宋克，一云或謂與克同受學紹興老僧云。

揭樞字平仲，豐城人。

右此文後有「春雨」二字，用硃界行表白紙寫，或正或行，最爲神妙。蓋先生下錦衣獄日，春雨，必爲指揮使紀綱書之，而流落他家，今爲南京刑部尚書楊寧所得。余又□□□□□□□□得先生遊絲字二幅直書於陝西，尤□□□□□□□□□秦府所得，因并識之。天順三年己卯春三月，王佐識。

東觀餘論

《東觀餘論·法帖刊誤》上下二卷，計二百一十七條，乃宋祕書郎邵武黄伯思長睿撰，辨别三代以來古器，漢、晋以來碑帖，研究款識體製，字畫真僞，了然明白。凡學古臨池之士，宜精究之。佐既録其書，又略識於此云。

跋柳誠懸墨跡 臨川虞集伯生

余幼年來崇仁，得柳誠懸所書稽叔夜《絶交書》石本，云是中書梅亭李公攜歸蜀矣。是時余未識柳公筆法，亦不知此石鐫勒之精否，摹搨之工拙也。後官成均，與郿人曹彦禮先生同館，見其所藏柳公《易賦》、《靈寶經》真跡，非惟筆精墨妙，嚴勁縝密，神采飛動，至於界畫粘綴，硬黃搗練，各極其工之精者矣。留九格，臨玩僅半歲，博古好雅者，以重金購諸曹氏，後雖數見，不能久矣。歸田以來，百慮消盡，時憶故物，了然心目之間，則亦不可謂全無累於塵影者矣。而諶致榮乃得《絶交書》墨跡與石本并卷，亦云是李公蜀物也，而余目障成痼，略不能辨波磔點畫於茫緲之際。傳曰：「盲者無以與乎五色之觀」，雖有至寶，邈然不知，深以爲悵惘，書其後而歸之。

題歐陽曾二公帖虞集

右歐陽公、曾公二帖，審定真跡無疑。歐陽公著書，所以資僚友之考訂者，謙至而周悉；曾公家書，所以事其兄嫂者，忠愛而敦篤：所謂盛代之德人，文學之師表也。觀者因翰墨而想像其辭氣，因辭氣而涵泳其德業，所得不既多乎。

跋黄勉所藏醴泉銘虞集

唐人云：「書貴瘦硬方通神。」瘦近清寒，清寒則氣易弱，硬則堅苦，堅苦則勢易若冰雪，綽約若處子，歐陽所以可貴也。

危。深山道人，積精鍊神，滓穢日去，清虚日來，雖頗清羸，而沖和内融，所以能肌膚

跋陸友仁所摹金石款識虞集

古人製作，見於後世者，學士大夫求之《詩》、《書》、《易》、《春秋》而《儀禮》、《周官》，其專書也。其次惟金石款可見耳，而世不能多見。吴陸友仁所摹藏，既博又古，時一閲之，何異見朱虎、熊羆、汝鳩、汝方、太顛、閎夭、散宜生於一日之間哉。

書王氏草韻後虞集

六書之學，其成書之傳者，則有許叔微氏之《説文解字》，漢許慎，字叔重。以類相從。而徐鼎臣兄弟，始叶以唐韻而録之，便檢尋也。許以文字類從，以音聲從，後出者益趨利如此。草書之録，如《急就章》，以物類相從，志在簡約，易求之耳。今又分其字而屬諸韻，豈非簡約之尤者乎。然昔之爲草書者，結體有疏密，用筆有工拙，波

磔不同，形勢亦異。譬諸人之口鼻耳目之形雖同而神氣不一，衣冠帶履之具同而容止則殊，朝廷有大朝會，百官咸在，品秩同等，班序同列，而人則雜然前陳矣，善相人者乃能於是乎有所擇焉。此輯《草書韻》之例也。然則王氏之書，其可少乎。磔音責，剔也，開也，張也。

題朱侯所臨智永千字文虞集

中郎石經遠矣。鍾、張之法，至右軍而極，右軍之法，至永禪師永興公而後難爲繼矣。盛唐作者，變又極焉，宋人遠不相逮。米元章、黃伯思皆筆不稱識，而晚宋謂之無書可也。國朝惟吴興趙公，遂擅一代，學者瀾倒。忽見朱侯作此古法，令人執卷惘然。臨池者尚三思斯言哉。

跋子昂書陰符經後虞集

《陰符》託黃帝以爲名，而實非其書，無可疑者。或曰戰國時人文字，亦未可信也。或曰只是李筌所爲，此近是哉。然褚河南已有奉敕書本，則其其〔三〕來亦久矣。世人忽明白簡易之言，好以詭祕不可解之説相尚，豈獨《陰符》哉。吴興公書妙一世，此卷蓋盛年所作，波瀾老成不及暮歲，而法度整整，未容無所師匠者知之也。隆山翁吾鄉先生，博學玩世，所謂醉人語不可了了，真語耶，果醉語耶。筌，秦人。

題宋諸陵畫像後虞集

昔者君子之觀於先王也，蓋曰見其禮而知其政，聞其樂而知其德，動作威儀之則，庶幾如將見之。至順辛未，今天子有詔史館修《宋史》，其行事固可考見，祕閣畫像俱存，雖與此或少異，猶足以得其彷彿。執筆者尚想像而求之乎。

題宋南宫墨跡虞集

米南宫書，神氣飛揚，筋骨雄毅，而晋、魏法度，自整然也。漢人只知程不識用兵紀律精嚴，不知李廣之無斥候爲合作也。

佐按，程不識，漢元光初與李廣爲東西衛尉，程治軍極嚴，廣極簡易，俱名將也。

子昂臨洛神賦跋虞集

柳誠懸云，子敬《洛神賦》，人間合有數本，今世所見，唯自「嬉」至「飛」十三行耳。蔡君謨云，子敬放肆豪邁，與右軍差異，臨學之家，必謹其辨矣。松雪翁一筆全文，好事者欲考王氏父子之法，此其可觀者乎。延祐中，集從公在翰林，嘗出此賦真跡九行見示，有阜陵題字，甚謹。又三行别得之，云是賈似道購諸北方者也。計其歲，應是後此書十餘年乃得之耳。

題王維輞川圖後虞集

宋景文公著《唐書·列傳》，文法嚴簡，其勢無由汎及散漫。而摩詰備載華子岡、欹湖、竹里館、柳溪、茱萸沜、音泮。辛夷塢之目，何所不憚煩耶。君子隱居以求其志，行義以達其道，隨所寓而自得焉，必欲山水花木之勝，則其志荒矣。是故文藝絶人，高韻天放，而無卓然節操者，志荒之罪也。宋公之意，其殆有儆於玩物者乎。善觀是圖者，并以是求之。

所翁龍跋虞集

右二龍，陳所翁自題，云六合縣齋所作也。士君子受民社之寄，豈以戲弄翰墨爲能事哉，其必有託興者矣。吾聞君子之治乎斯民也，作而新之，如震斯驚，時而化之，如澤斯溥，于以致雷雨滿盈之功，于以成天地變化之造。是故勇以發至仁之心，誠以通至神之跡，則善體物者矣。欲觀龍之所以爲靈，陳侯之所以妙，試以此求之也乎。

題子山學士所藏永興公墨跡虞集

永興公書，接晋、魏之緒，啟盛唐之作，六七百年來，真跡世已絶少存者，墨本人間想望彷佛，豈復見此神妙造極者。子山公臨池之嗜，追配昔人，殆神物留之，以遺真知真好者，非偶然也。某家學荒落，加以目昏，撫卷感歎，子山命識其後，故輒書之。

題縛筆帖解縉

工欲善其事，必先利其器。書一文藝爾，非得善筆，羲、獻復生，無所用其巧。吾尋常欲作佳書，爲傳後計，非陸穎筆不可。陸穎本農家而善縛筆，長子尤能知筆之病，次子亦能縛筆而不廢農事，樸茂尤可喜。農隙時讀書，農時手自耘種，古者士大夫皆然，風俗日薄，遂不肯爲爾。

學書法解縉

學書之法，非口傳心授，不得其精。大要須臨古人墨跡、布置間架，捏破管，書破紙，方有工夫。張芝臨池學書，池水盡黑。鍾丞相爲入抱犢山十年，木石盡黑。趙子昂國公十年不下樓。巎子山平章每日坐衙罷，寫一千字纔進膳。唐太宗皇帝簡板馬上書字，夜半起把燭學《蘭亭記》。大字須識間架，古人以箒濡水，學書於砌，或書於几，几石皆陷。

評書 解縉

學書之法，非口傳心授，不得其精，故自羲、獻而下，世無善書者，惟智永能悟家法，書學中興，至唐而盛。宋家三百年，惟蘇、米庶幾，元惟趙子昂一人，皆師資之，所以絶出流輩。吾中間亦稍聞筆法於詹希元，惜乎工夫未及，草草度時，誠竊自愧赧耳。永樂丙戌六月十八日，縉書。

跋蘇文忠公書 解縉

書之爲藝非他藝比也，歷世聖賢重之，蓋宣人文，施治化，述六經，應萬事，經天緯地，不能外此。至百千萬年，日用而不可闕者，豈他技藝之能比哉。是故自庖犧作書契，三皇五帝，無有不事於書者。世遠不能得見其跡，古文《尚書》與世傳石刻，亦彷彿其萬一，非謬妄者矣。周人善篆書，孔子爲人作題扁大字，觀闕里牀前硯、延陵季子墓石可見矣。漢、晉、唐、宋帝王皆學書，漢光武、章帝、晉武帝、元帝、唐太宗、宋太宗、高宗其尤也。當時臣庶多能書，杜度、張芝、鍾元常、王逸少、歐、虞、褚、薛、蘇、黃、米、蔡其尤也。其閑工於書者，豈圖爲人觀美哉。蓋天之文與地之文、人之文一也，景星卿雲，人皆仰之，精金美玉，人皆寶之，繆惡之書，見欲吐罵，棄且不暇，何以垂世傳遠哉。余嘗患世之不能書者，不自咎其拙惡，而以書爲末技藝藉口也。蘇文忠公大節表著，文章妙天下，其書師顏魯公，規模醇厚，筋骨隱映，古意渾成，中藏至巧，如周鼎秦鐘，使人可愛，固可以破愚起懦於千百載之下。余既耽學古人書，得文忠公此紙玩之，不啻拱璧。書之所進，他日安知不與古人并傳哉。余姑識此爲之兆云。

跋大兄所藏李邕墨跡 解縉

右李邕《永康帖》，米芾家故物也，上有親跡等印俱在。芾以摹本刻之，甚爲寶惜。而此真本，其子友仁紹興中進之，藏之祕府。今卷首「唐李邕永康帖」六字，高宗御書也。宋亡，歸於元國，初流落於鳳陽某家。洪武庚午，余里人侯成章得之，殁後，余兄簡約購，永以爲解氏之寶。好事者可以一覽而足。兼有裝潢，題識具在，皆爲人褫音侈，上聲，又音稚，去聲。奪也，脱也。去，蓋售其僞，此真者正不須也。

校勘記

〔一〕「凱」，諸本俱作「禕」，按《三國志·吴志》，陸凱子禕，據改。

〔二〕「景」，明刻本、惜陰軒叢書本俱同，萬有叢書本作「青」。

〔三〕「其其」，諸本俱同。疑衍「其」字。

新增格古要論卷五

古畫論

畫有六法三品此下俱見吳興夏士良。

謝赫云：「畫有六法，一曰氣韻生動，二曰骨法用筆，三曰應物寫形，四曰隨類傅彩，五曰經營位置，六曰傳摹移寫。」六法精論，萬古不移。自骨法用筆以下，五法可學而能，如其氣韻，必在生知，固不可以巧密得，復不可以歲月到，默契神會，不知然而然也。故氣韻生動，出於天成，人莫窺其巧者，謂之神品。筆墨超絶，傅染得宜，意趣有餘者，謂之妙品。得其形似，而不失規矩者，謂之能品。

三病

畫有三病，皆繫用筆，一曰板，二曰刻，三曰結。板者，腕弱筆癡，全虧取與，物狀平褊，不能圓混也。刻者，運筆中疑，心手相戾，句畫之際，妄生圭角也。結者，欲行不行，當散不散，似物凝礙，不能流暢也。

六要

氣韻兼力，一也。格制俱老，二也。變異合理，三也。彩繪有澤，四也。去來自然，五也。師學捨短，六也。

六長

粗鹵求筆，一也。僻澀求才，二也。細巧求力，三也。狂怪求理，四也。無墨求染，五也。平畫求長，六也。

製作楷模

釋像有善巧方便之顔，道流具修真度世之範，帝王崇天日龍鳳之表，外夷有慕華欽順之情，儒賢見忠信禮義之風，武士多勇悍英烈之貌。隱逸識高世之節，貴戚尚侈靡之容，天帝明威福嚴重之儀，鬼神作醜覩馳趡之狀，仕女宜秀色婑媠之態，田家有醇甿樸野之真。畫衣紋林石，用筆全類於書。衣紋有重大而調暢者，有縝細而勁健者，句綽縱掣，理無妄下，以狀高側深斜、卷摺飄舉之勢。林木有樛枝梃榦，屈節皺皮，紐裂多端，分敷萬狀。山石多作礬頭，亦爲淩面，要見幽遠而氣雄，崢嶸而秀潤。畜獸須備筋骨精神，毛骨隱起。魚龍求游泳之妙，升降之宜。觀水湯湯若動，使人有浩然江湖之思。屋木折算無虧，筆墨均壯，深遠透空。花竹有四時景候，陰陽向背，筍條老嫩，苞萼後先，自然豔麗閒野，園蔬野草，咸有出土體性。禽鳥尚毛羽翔舉飛集之形。知此，雖不能盡鑒閱之精妙，然工拙亦略可見矣。或有逸品，皆高人勝士寄興寓意者，當求之筆墨之外，方爲得趣。

古今優劣

佛道、人物、士女、牛馬，近不及古。山水、林石、花竹、禽魚，古不及近。何以明之？且顧愷之、陸探微、張僧繇、吴道元及閻立德、立本，皆純重雅正，性出天然。吴生之作，爲萬世法，號曰畫聖。張萱、周昉、韓幹、戴嵩，氣韻骨法，皆出意表，後之學者，終莫能到。故曰近不及古。至如李成、關仝、范寬、董源之跡，徐熙、黄筌、居寀之蹤，前不藉師資，後無復繼踵，借使二李、三王之輩復起，邊鸞、陳庶之倫再生，亦將何以措手於其間哉。故曰古不及近。

粉本

古人畫稿，謂之粉本，前輩多寶蓄之，蓋其草草不經意處，有自然之妙。宣和、紹興所藏粉本，多有神妙者。

賞鑒

看畫如看美人，其風神骨相，有肮體之外者。今人看古跡，必先求形似，次及事實，殊非賞鑒法也。米元章謂好事家與賞鑒家自是两等，家多資力，貪名好勝，遇物收置，不過聽聲，此謂好事。若賞鑒則天資高明，多閲傳録，或自能畫，或深畫意，每得一圖，終日寶玩，如對古人，雖聲色之奉，不能奪也。看畫之法，不可一途而取，古人命意立跡，各有其道，豈拘以所見，繩律古人之意哉。鐙下不可看畫，醉餘酒邊亦不可看畫。卷舒不得其法，最爲害物。

唐人五代絹素粗厚，宋絹輕細，望而可别唐宋也。

古人畫，墨色俱入絹縷，精神逈出，僞者雖極力倣傚，而粉墨皆浮於縑素之上，神氣亦索然。蓋古人筆法圓熟，用意精到，初若率易，愈玩愈佳，今人雖極工緻，一覽而意盡矣。

御題畫真僞相雜，往往有當時名手臨摹之作，故祕府所藏臨摹本，皆題爲真跡。

惟明昌所題最多，具眼者自能别識也。

裝褫書畫定式十條

大整幅，上引首三寸，下引首二寸。

小全幅，上引首二寸七分，下引首一寸九分，經帶四分，上褾除打攦竹外，浄一尺六寸五分，下褾除上軸外，淨七寸。

一幅半，上引首三寸六分，下引首二寸六分，經帶八分。

雙幅，上引首四寸，下引首二寸七分，上褾除打攦竹外，浄一尺六寸八分，下褾除上軸桿外，浄七寸三分。

两幅半，上引首四寸二分，下引首二寸九分，經帶一寸二分。

三幅，上引首四寸四分，下引首三寸一分，經帶一寸三分。

四幅，上引首四寸五分，下引首三寸三分，經帶一寸五分。

横卷，褾合長一尺三寸，高者用全幅。引首闊四寸五分。高者五寸。

古畫不脱，不須褙禩，音表。蓋人物精神、髮彩，花之穠豔、蜂蜨，只在約略濃淡之間，一經褙，多或失之也。故紹興裝褫古畫，不許重洗，亦不許裁剪過多。褫音侈，上聲，奪也，衣絮偏也，又解也。又平聲，音思，福也。又去聲，音稚，解也，脱也。又奪。古厚紙不得揭薄，若紙去其半，則書畫精神，一如摹本矣。

檀香辟濕氣，畫必用檀軸，有益。開匣有香而無糊氣，又辟蠹也。

畫有十三忌

一曰布置拍塞。二曰遠近不分。三曰山無氣脈。四曰水無源流。五曰景無夷險。六曰路無出没。七曰石止一面。八曰樹少四枝。九曰人物傴僂。十曰樓閣錯雜。十一曰滃淡失宜。十二曰點染無法。凡畫者有犯於此，雖工不取。

辨古名畫

佛道有福聚端嚴之像，人物有顧盼語言之意。衣紋樹石，用筆類書。衣紋大而調暢，細而勁健，有捲摺飄舉之勢。樹分老嫩屈曲一作節。皴皮。石看三面，皴皵老潤。山水林泉，幽閑深遠，有四時朝暮、風雨晦明、雲煙出没之景。水源來歷分明，蕩蕩若動，橋梁往來，野逕迂迴，屋廬深邃，一斜一隨，一作百道。折算無虧。魚龍有游泳升降之勢。花果陰陽向背，帶露迎風。飛禽走獸，飲啄動靜，精神奪真。有如此者，定知其爲名手也。

古畫真跡難存

董源、李成皆宋人也，所畫猶稀如星鳳，況晉唐名賢真跡，其可得見之哉。嘗考其故，蓋古畫紙絹皆脆，如常舒卷，損壞者多。或聚於富貴之家，一經水火喪亂，則舉羣失之，非若他物猶有散落存者。

書畫一法

古人云：「畫無筆跡，如書之藏鋒。」嘗見趙魏公子昂自是己畫云：「石如飛白木如籀，寫竹應須八法通。」正謂書畫一法也。

畫山石皴皵

上音逡，皮細起也。下音磧，亦皮細起也。又云，木皮甲錯也。

畫山石有披麻皴、亂麻皴、亂雲皴、斧鑿痕皴、亂柴皴、芝麻皴、雨點皴、骷髏皴、鬼皮皴、彈渦皴，有濃礬頭。一作潑墨磨頭。稜面用筆，有老潤者，有帖潔者。描人物有鐵線筆，有蘭花筆、花一作葉。遊絲筆、戰筆，亦各師一家，但調暢勁健爲妙也。

士夫畫

趙子昂問錢舜舉曰：「如何是士大夫畫。」舜舉答曰：「隸家畫也。」子昂曰：「然。余觀唐之王維，宋之李成、徐熙、李伯時，皆高尚士夫，所畫蓋與物傳神，盡其妙也。近世作士夫畫者，其謬甚矣。」

舜舉、子昂俱宋元人。

古畫用筆設色

古人畫，用筆圓熟，設色入絹素。一作傅色。思入神妙，愈玩愈妍，雖年遠破舊，亦有精神。後人作色者，墨皆浮於縑素之上，全無精采，初觀可取，久則意盡矣。

院畫

宋畫院衆工，凡作一畫，必先呈稿，然後上真。所畫山水、人物、花木鳥獸，種種臻妙。今朝廷内畫及民間畫人物皆然。

無名人畫

無名人畫，有甚佳者，今人以無名命爲有名，不可勝數。如見牛即説是戴嵩，見馬即説是韓幹畫也，尤爲可笑。俱唐人。

没骨畫

嘗有一圖，獨梭熟絹。蜀黄筌畫榴花百合，皆無筆墨，惟用五彩布成，其榴花一樹百餘花，百合一本四花，花色如初開，極有生意，信乎其神品也。品一作妙。筌，蜀王衍待詔，子居寀。

名畫無對軸

李成、范寬、蘇東坡、米南宫父子，皆高尚士夫，以畫自娱，人家遇其適興，則留數筆，豈能有對軸哉。今人以孤軸爲嫌，不足與之言畫矣。米元章子元暉，世稱小米，即友仁也。

裝褙畫詳見裝褫書畫定式。

畫不脱落，不宜數褙，一褙則一損精神。墨跡法帖亦然。

邊道破碎處，必有補葺，不可裁去，裁則損畫多矣。

古畫絹色

古畫絹色淡墨，自有一種古香可愛。惟佛像有香煙薰黑者，多僞。作者取香煙瀝，或用竈煙，搗碎煎汁染絹，其色黄而不精采。古絹自然破者，必有鯽魚口，須連三四絲，不直裂。僞作則否，其絹亦新。

古畫絹素後增

唐絹絲粗而厚，或有搗熟者。有獨梭絹，闊四尺餘者。五代絹極粗如布。宋有院絹，匀浄厚密，亦有獨梭絹。有等極細密如紙者。但是稀薄者，非院絹也。元絹類宋絹，有獨梭絹，出宣州。有宓機絹，極匀浄厚密，是嘉興府魏塘宓家，故名宓機。趙松雪、盛子昭、王若水多用此絹作畫。國朝内府絹與宋絹同，两京亦有好者。

畫難題名後增

宋米南宫云，范寬師荆浩，王詵嘗以二畫見送，題句龍爽。因重褙入水，於石上見洪谷子荆浩筆，自然全不似寬。下二字一作自覺者，非。後於丹徒僧房見有一軸山水，與浩一同於瀑泉邊，題華原范寬，乃是少年所作，信荆浩弟子也。以一畫易之，收以示鑒者。以此論之，畫難題名也。

佐考之，句龍爽，蜀人，宋初翰林待詔，喜畫古衣冠，質野不媚，尤善嬰孩之態。范，華原人，山水師荆浩，晚年不及。荆浩，河内人，號洪谷子，山水爲唐末之冠。王詵，字晋卿，太原人，宋時居開封，爲駙馬都尉，尚宋英宗公主，善山水。

御府書畫

宋徽宗御府所藏書畫，俱是御書標題，後用宣和年號玉瓢御寶記之，於中多有臨摹者，未可盡以爲真，收者宜仔細辨之。

題跋畫

古人題畫，書於引首，宋徽廟御書題跋亦然，故宣和間褙書畫用黄絹引首也。近世多書於畫首。趙松雪云，畫至元朝，遭一劫也。古人善畫者，□多新增。俱見《圖繪寶鑑》。

王維後增

唐王維字摩詰，家藍田輞川，開元中爲尚書右丞，嘗作《輞川圖》，山峯盤迴，竹樹瀟灑，石小劈皴，樹稍雀爪，葉多夾筆，描畫人物，眉目分明，筆力清勁。蓋其思致高遠，出於天性，故詩中有畫，畫中有詩。

張彦遠云，右丞得興處，不論四時。如畫花，往往以桃、杏、芙蓉、蓮花同作一景。畫《袁安臥雪圖》，有雪裏芭蕉，此乃得心應手，意到便成，故造理入神，迴得天真。此難與世俗論也。見《寶鑑》。

李思訓後增

唐宗室李思訓，官至左武衛大將軍，善畫設色山水，筆法尖勁，磵谷幽深，峯巒明秀，石用小劈斧，樹葉夾筆。嘗作金碧山水圖障，筆格豔麗，雅有天然富貴氣象，自成一家法。後人所畫著色山水，多師宗之，然至妙處不可到也。子昭道，官至中書舍人，變其父之勢，其智思筆力雖未及其父，然其妙亦至矣。世稱思訓爲大李將軍，昭道爲小李將軍。

董源後增

董源，江南人，事南唐後主，爲後苑副使。其山峭拔高聳，從脚至頂，轉摺分明，其石披麻，其水縠紋，樹多亭直，葉單夾筆。兼之喜作人物，多用青紅衣，人面亦用粉素，論者謂水墨類王維，著色如李思訓。其畫溪橋州渚，皆有生意，一片江南景也。

李成後增

唐宗室李成，避地營丘，因家焉。業儒工文，時命不偶，放意詩酒，寓興於畫。初師關仝，穎悟融變，思精格老，有以過之，議者謂得山之體貌，爲古今第一。子覺戕，登館閣，贈成光禄丞。然世絶無成畫，故不細論也。

郭熙後增

郭熙，河陽温縣人，宋御畫院藝學，工山水。其山聳拔盤迴，水源高遠，多鬼面石、亂雲皴、鷹爪樹，松葉攢針，雜葉夾筆單筆〔一〕相半，人物以尖筆帶點鑿，絶佳。早年巧贍致工，晚年落筆益壯，自著《山水訓》，議論一時卓絶，千古可規。

米元章　元暉俱南宋，後增。

宋米芾字元章，元豐中人，官太學博士，出守無爲軍，建寶晋齋，鑿墨池，仰高堂，明遠樓，刻《寶晋齋法帖》，書法入神。愛潤州京口溪山之勝，遂定居焉，作海岳庵。畫山水，學董源，天真發露，怪怪奇奇，枯木松石，自有奇思。平生喜蓄書畫，故黄山谷詩云：「滄江夜夜虹貫月，盡是米家書畫船。」

米友仁字元暉，芾之子也，紹興中權兵部尚書，高宗眷待甚厚。能傳家學，山水略變父法，自成一家，煙雲變滅，林泉點綴，草草而成。

崔白 新增

宋崔白字子西，濠梁人，仁宗命畫垂拱殿御扆，稱旨，補圖畫院藝學。善畫花鳥、道釋、人物、飛走之類，極工於鷙。宋畫院較藝者，必以黄筌父子筆法爲程式，自白及吴元瑜出，其格遂變。

筌之子居寀，太宗朝光禄丞，搜訪名畫，詮定品目。

文與可 新增

宋文同字與可，梓潼永泰人，稱石室先生，又自號笑笑先生、錦江道人。守湖州，官至司封員外郎，充祕閣校理。墨竹精妙，文潞公、蘇東坡極稱道之。或作古槎老枿，淡墨一掃，雖丹青極妙者，形容所不能及也。

李伯時 後增

宋李公麟字伯時，號龍眠居士，舒城人，登進士第，官至朝奉郎。元符中，歸老龍眠山莊，肆意泉石間，作《山莊圖》。繪事集顧愷之、陸探微、張僧繇、吴道子及前代名手以爲己有，專爲一家。作畫多不設色，但作水墨，畫無筆跡，凡有筆跡重濁者皆僞也。獨用澄心堂紙爲之，惟臨摹古畫，有用絹素著色者。筆法如雲行水流，有起倒，論者謂鞍馬逾韓幹，佛像追吴道玄，山水似李思訓，人物似韓滉，瀟灑如王維，當爲宋畫中第一，照映前古者也。有《王右軍蘭亭流觴曲水圖》行於世。

郭忠恕新增

宋郭忠恕，字恕先，雒陽人，後周博士，太宗召爲國子監主簿，後忤旨，流登州，道中屍解而去。善畫樓觀水石，皆極精妙。初師關仝。

董羽新增

宋董羽，字仲翔，毗陵人，南唐待詔，歸宋爲圖院藝學。善畫魚龍，其洶湧瀾翻，咫尺汗漫，莫知其涯涘也。

蘇東坡後增

宋蘇東坡高名大節，照映古今，復能留心墨戲。作墨竹，師文與可，從地一直起至頂，未曾逐節分，以濃淡墨分葉背面。枯木奇石，時出新意，木枝榦虯屈無端，石皴老硬奇怪，如胸中之盤鬱也，大抵寫意，不求形似。季子過，字叔黨，石竹逼乃翁，又善山水巖屋，以焦墨爲之，官至中山倅。

張舜民新增

宋張舜民，字芸叟，號浮丘居士，紹聖中貶筠州，高宗追復直學士。山水作秋景，自題云：「我有故山常自寫，免教魂夢落天涯。」畫上有「浮丘」二字可辨。

楊補之新增

南宋楊補之，字無咎，號逃禪老人，南昌人也，祖漢子雲。高宗時不直秦檜，累徵不起，又自號清夷長者。水墨人物學李伯時，竹松水石，清淡閑野，獨梅爲世一絶。從子季衡，畫墨梅得補之家法，又能作水墨翎毛。鄉舊劉夢良，亦作墨梅。

陳所翁新增

宋陳容，字公儲，自號所翁，福唐人，端平二年進士，歷郡文學，倅臨江，入爲國子監主簿，出守莆田。賈秋壑似道招致賓幕。詩文豪壯，嘗作柳誠懸墨竹、絳色山水，可并董羽。善畫龍，得變化之意，潑墨成雲，噀水成霧，醉餘大叫，脱巾濡墨，信手塗抹，然後以筆成之，或全體，或一首，隱約不可名狀者，曾不經意，而皆得神妙。名重一時，「獨步百世」。

佐嘗見所翁龍頭，自題其下，或四言，或長短句，字粗大而勁健，詞語老古，「所翁」二字，下脚筆長。往往見贋本，作字甚嫩，於此可知其僞也。世傳曾見真龍，故多畫首後墨晴。

李唐後增

宋李唐，字晞古，河陽三城人，徽宗補入畫院，高宗建炎初，以太尉邵淵薦，授成忠郎、畫院待詔，賜金帶，時年近八十。山水初法李思訓，其後變化，愈覺清新，多喜作長圖大障，其名大劈斧皴，水不用魚鱗縠紋，有盤渦動盪之勢，觀者神驚目眩，此其妙也。夏士良云，其山水人物，筆意不凡，尤工畫牛。高宗雅愛之，嘗題《長夏江寺卷》上云：「李唐可比唐李思訓」，其眷愛如此。

馬遠後增

宋馬遠，河中人，光寧朝畫院待詔，師李唐，下筆嚴整。巖壑用焦墨，作樹石枝葉夾筆，石皆方硬，以大劈斧帶水墨皴，甚古。全境不多，其小幅或削峯直上而不見其頂，或絶筆直下而不見其脚，或近參天而遠山則低，或孤舟泛月而一人獨坐，此邊角之景也。

夏士良云，其畫山水、人物、花禽，種種臻妙，院人中獨步也。

祖興祖，紹興中待詔，工花鳥雜畫，高宗每得名筆卷軸，多令辨驗之。

兄逵，得家學之妙，山水人物、花果禽鳥，疏渲極工。毛羽燦然，飛鳴生動之態逼真，殊過於遠，他皆不及。

夏珪後增

宋夏珪，字禹玉，錢塘人，寧宗待詔，賜金帶。山水布置、皴法，與馬遠同，但其意尚蒼古而簡淡，喜用秃筆，樹葉間夾筆，樓閣不用尺界畫，信手畫成，突兀奇怪，氣運尤高。

夏士良云，夏珪善畫人物，高低醞釀，墨色如傅粉之色，筆法蒼老，墨汁淋漓，奇作也。雪景學范寬。院人中畫山水，自李唐以下，無出其右者也。

趙子昂新增

元趙孟頫，字子昂，號松雪道人，宋太祖之後也，世居吴興，官至翰林學士承旨，贈江浙行省平章政事，封魏國公，謚文敏。榮際五朝，名滿四海。書法二王，畫法晋、唐、宋，俱入神品。世傳其蘭、竹、馬圖最多，其妻管夫人，亦善畫竹、梅、蘭。

子雍，字仲穆，官集賢待制，同知湖州路總管府事，山水師董源，人馬精妙。長子鳳，字充文，畫蘭竹與乃父亂真，集賢每題作己畫，以應求者，故其名不顯。次子麟，字彦徵，登進士第，爲浙省檢校，善畫人馬。

李息齋 新增

元李衎字仲賓，號息齋道人，薊丘人，官至浙省平章政事，致事，封薊國公，謚文簡。善畫竹石枯槎，初學王澹游，後學文湖州，著色者師李頗，馳譽當世。子士行，字遵道，官至黄巖知州，畫竹石，得家學而妙過之，尤善山水。

錢選 新增

元錢選，字舜舉，玉潭霅山人，理宗景定間鄉貢進士，善畫人物山水，花竹翎毛。師趙昌，廣漢人。宋人青緑山水師趙千里，名伯駒，南宋人，尤善折枝，其得意者，自賦詩題其上。

佐嘗見其設色山水，畫入絹素，歷元至今，粉墨如新。

顏輝新增

元顏輝，字秋月，廬陵永和人，善水墨道釋人物，亦入妙品。

盛子昭新增

元盛懋，字子昭，嘉興府魏塘鎮人，得其父洪甫之學而過之，善山水、人物、花鳥。始學陳仲美，名琳，錢塘人，宋南渡人。略變其法，精緻有餘，特過於巧。

陳珏　陳仲美新增

宋陳珏錢塘人，理宗待詔，號桂巖，善人物著色山水。子琳，世其學。元琳字仲美，珏次子，善山水人物花鳥，無不臻妙，見畫臨摹，咄咄逼真，蓋得趙魏公之講明，多所資益，故其畫不俗。論者謂宋南渡以來，無此手也。

王元章新增

元王冕，字元章，會稽上虞人，能詩，善墨梅，萬蘂千花，自成一家。凡畫成，必自題詩其上，字俊逸，詩渾厚，俱可愛，宋學士景濂爲作《王冕傳》。

張天師新增

元天師張與材，字國梁，初號薇山，又號廣微子。第三十八代。元貞初，鹽官州平潮有功。善畫竹與龍。

蕭月潭新增

元道士蕭月潭，淮人，善白描道釋人物。

李雪菴新增

宗師溥光，字玄暉，號雪菴，俗姓李氏，大同人，特封昭文館大學士，賜號玄悟大師。善山水，學關仝，墨竹學文湖州，俱成逸趣。

李如菴 新增

頭陀溥圓，字大方，號如菴，俗姓李氏，河南人，於雪菴爲法弟。山水墨竹，俱學黄華。

雪窗 新增

僧明雪窗，善畫蘭，最有生意，其他未工。

高士安

元高士安，字顔敬，回鶻人。居官公暇，登山賞玩，覽其湖山秀麗，雲煙變滅，蕴於胸中，發於毫端，自然高絶。其峯巒皴法董源，雲樹學米元章，品格渾厚，元朝第一名。

高克恭此見《圖繪寶鑑》。新增。

元高克恭，字彦敬，號房山，其先西域人，後居燕京，官至刑部尚書。善山水，始師二米，後學董源、李成，墨竹學黄華，大有思致，怪石濆浪，灘頭水口，烘鎖潑染，作者鮮及。

右舒志學云，歷代畫者不可勝數，略取數家，以示知者。如王維、李思訓、董源，李成、郭熙、米芾父子、李伯時、蘇東坡、李唐、馬遠、夏珪、高士安十三人是已。佐既以《圖繪寶鑑》增唐、宋、元名人，而善畫者名者，蓋不止此，欲悉究羣公，宜取《圖繪寶鑑》熟玩之可也。王佐識。

校勘記

〔一〕後「筆」字，據《夷門廣牘叢書》本《格古要論》補。

新增格古要論卷六

珍寶論

玉器

玉出西域于闐國，有五色，利刀刮不動，温潤而澤，摸之，靈泉應手而生。凡看器物，白色爲上，黄色碧色亦貴，更碾琢奇巧敦厚者尤佳。若有瑕玷、皺動、夾石及色不正、欠温潤者，價低。

白玉，其色如酥者最貴，但冷色即飯湯色。油色及有雪花者，皆次之。

黄玉，如粟者爲貴，謂之甘黄玉，焦黄色者次之。

碧玉，其色青如藍靛者爲貴，或有細墨星者，色淡者，皆次之，蓋碧色今深青色。

黑玉，其色黑如漆，又謂之墨玉，價低，西蜀亦有之。

赤玉，其色紅如雞冠者好，人間少見。
緑玉，深緑色者爲佳，色淡者次之，其中有飯糁者最佳。
甘青玉，其色清青而帶黄。
菜玉，非青非緑，如菜葉，此玉色之最低者。

玉名 新增

禹玄圭，象水色。
圭，古作珪，瑞玉也。上圓下方，以象天地，以封諸侯。
璧，圓玉，外圓象天，内方象地。
琮，瑞玉，八寸，形似車釭，《周禮》以黄琮禮地。
璋，半珪，《周禮》以赤璋禮南方，象夏物榮盛。
琥，瑞玉，《周禮》以白琥禮西方，爲虎形，虎猛，象秋聲。
璜，半璧，《周禮》以玄璜禮北方，象多閉藏，地上無物，惟天半見也。

珩、瑠、珮、環俱佩玉。瑚璉，殷宗廟玉器。

璁，石次玉者。珷玞，石似玉者。

國朝郊祀天用蒼璧，祀地用黃琮，祀仁祖配天用蒼璧。

古玉

古玉器物，白玉爲上。有紅如血者，謂之血玉，古人又謂之屍古，最佳。青玉上。有黑漆古，有渠古，有甑古者，價低。

嘗見菜玉連環上儼然黃土一重，并洗不去，此土古也。

沙子玉

此玉罕得，比之白玉，此玉粉紅潤澤，多作刀靶環子之類，少有大者。

罐子玉

雪白罐子玉，係北方用藥於罐子内燒成者，若無氣眼者，與真玉相似，但比真玉則微有蠅脚，久遠不潤，且脆甚。

石類玉

句容茆山石，白而有光，有水石，冷白色，或有水路，或有飯糝色。好者與真玉相似，雖刀刮不動，終有石情，不温潤，宜仔細辨之。

瑪瑙

瑪瑙多出北地，南蕃、西蕃亦有，非石非玉，堅而且脆，快刀刮不動。凡看盌盞器皿，要樣範好、碾得薄、不夾石者爲佳。其中有人物、鳥獸形者最貴，有錦花者，謂之錦紅瑪瑙。有漆黑中一線白者，謂之合子瑪瑙。有黑白相間者，謂之截子瑪瑙。有紅白雜色如絲相間者，謂之纏絲瑪瑙。此幾種皆貴。有淡水花者，謂之漿水瑪瑙。有紫紅花者，謂之醬斑瑪瑙。有海蜇色、鬼面花者，皆價低。凡器物刀靶事件之類，看其好碾琢工夫及紅多者爲上。古人云：「瑪瑙無紅一世窮。」

柏枝瑪瑙

漿水色内有花紋如柏枝者，故謂之柏枝瑪瑙，亦可愛。

圓塊玉瑪瑙水晶後增

玉水晶瑪瑙，大小圓塊，有外面便見玉者爲好，亦有外好而内反不佳者，必須令玉匠仔細辨驗方可。佐往年在京，見有一人，與蕃人買一大玉石，其價八十兩，外面是好白玉，鋸開，其中甚不好。用琢成玉龕觀音，以獻内臣，得價稍倍。又有一人，用銀二十兩，買玉一大塊，其外土黃色石，其中却是白玉，絶佳。

水晶

古語云：「千年冰化爲水晶。」其性堅而脆，刀刮不動，色白如泉，清明而瑩，無纖毫瑕玷擊痕者爲佳。

凡器皿盌盞，素者爲好，但碾花者必有節病出處。倭國多水晶，第一。南水晶白，北水晶黑，信州水晶濁。

玻瓈

玻瓈出南蕃，有酒色、紫色。白色與水晶相似。器皿背多碾兩點花兒是真。其藥燒者入手輕，有氣眼如琉璃相似。

硝子

假水晶用藥燒成者，色暗青，有氣眼，或有黃青色者，亦有白者，但不潔白明瑩，謂之硝子。又有大如指面者，亦有小者，多儘大儘貴，古人云：「蠟重一錢，價值一萬。一作貫。」可鑲嵌釧鐲、盌盞、戒指，用自然生成者好，碾琢者不佳。假造者用藥燒成，内有氣眼。

貓睛

貓睛，出南蕃，性堅，黄如酒色，睛活者，中間有一道白横搭，轉側分明，與貓兒眼睛一般者爲佳，故云若眼睛。散及死而不活者，或青黑色者，皆不爲奇。大如指面者尤好，小者價輕，宜鑲嵌用。

碧靛子

碧靛子出南蕃、西蕃，青緑色，好者頗與馬價珠相類，有黑緑色者低，皆不甚值錢，又謂之北靛子，宜鑲嵌用。

馬價珠

青珠兒，出西蕃諸國，色青如翠者道地。有指面大，轉身青者多，做管兒用，亦有當三折二錢大者。顔色好者值錢，其價如馬，故謂之馬價珠。但夾石、粉青、有油煙及色老者，價低。

土蕃、回鶻國珠兒，顔色不甚好，多似好靛石。

或云，凡遇灰塵迷眼，以珠兒拂之則明也。

南珠後增

南珠，出南蕃海蚌中，南蕃者好，廣西者易黄，要身分圓及色白而精光者，價高。以大小粒數等分兩定價，古云「一粒圓，十粒錢」，又云「一圓二白」，今廣東廉州府合浦縣海中出珠。

北珠後增

北珠，出北海，亦論大小分兩定價。看身分圓轉，身青色，披肩結頂者，價高。如骨色、粉白、油黃、渾色者，價低。

佐嘗聞本縣四十九都繞源王□□家，其先下蕃，其家分金銀，一雙環子，珠大而圓，作三百两銀。

石榴子

石榴子，出南蕃，類瑪瑙，顏色紅而明瑩，如石榴肉相似，故名曰石榴子，可鑲嵌用。

鋪絨線石

鋪絨線石，顏色純緑，明瑩如鋪絨線相似，多鑲嵌絛環等用，不甚值錢。

金星石

金星石，出金坑，色青如豆靛，無金星、不夾石者好，有金星褐色者不中，皆不甚值錢。白者但不潔白明瑩，謂之硝子。

車渠

車渠，形似蚌，極厚大，色白有紋理，不甚值錢。

琥珀

琥珀，出南蕃、西蕃，乃楓木之精液，多年化爲琥珀，其色黄而明瑩潤澤，其色若松香色。紅而且黄者，謂之明珀，有香者謂之香珀，有鵝黄色者謂之蠟珀，此等價輕。深紅色者出高麗、倭國，其中有蜂蟻松枝者，甚可愛。真者以琥珀於皮膚上揩熱，用紙片些小，離桌子寸許，以琥珀及之，則自然飛黏，或以稻草寸許試之。

珊瑚樹

珊瑚樹，生大海中山陽處水底，海人以鐵網取之，其色如銀硃，鮮紅，樹身高大，枝柯多者爲勝。但有髓眼及淡紅色者，價輕。此物貴賤，并隨珍珠。枝柯有斷者，用釘稍釘定，鎔紅蠟粘接，宜仔細看之。如有零碎材料，每兩值價萬餘。

蠟子

蠟子，出南蕃、西蕃，性堅，有紅蠟、紫蠟，亦有酒色者，俱明瑩。凡器物須看碾得奇巧者爲佳。

犀角

犀角，出南蕃、西蕃，雲南亦有，成株肥大花兒者好，及正透者價高，成株瘦小，分兩輕，花兒不好者，但可入藥用。其紋如魚子相似，謂之粟紋，每粟紋中有眼，謂之粟眼，此謂之山犀。凡器皿要滋潤，粟紋錠花兒者好。其色黑如漆，黄如粟，上下相透，雲頭两脚分明者爲佳。

有通天花紋犀，備百物之形者，最貴。

有重透紋者，黑中有黄花，黄中又有黑花，或黄中有黄，黑中又有黑。

有正透紋者，黑中有黄花，古云「通犀」，此二等亦貴。

有倒透者，黄中有黑花，此等次之。

有花如椒豆斑者，色深者，又次之。

有斑散而色淡者，又次之。

有黑犀無花而純黑者，但可車象棋，不甚直錢。

凡犀帶，有角地上貼好犀作面，而夾成一片者，可驗底面花兒大小遠近，更於側畔尋合縫處，可見真僞。又有原透花兒不齊整，用藥染黑者，則無雲頭雨脚，黄黑連處，純黑而不明。

但有粟紋不圓者，必是原透花兒不居中，用湯煮軟，攢打端正，不是生犀，宜一一驗之。

凡器皿須要雕琢工夫及樣範好，宜頻頻看之，不可見日，恐燥而不潤故也。

毛犀

其色與花斑皆類山犀，而無粟紋，其紋理似竹，謂之鼇犀，此非犀也，不爲奇也，故曰毛犀。

骨篤犀

骨篤犀，出西蕃，其色如淡碧玉，稍有黃，其紋理似角，扣之聲清如玉，磨刮齅之有香，燒之不臭，能消腫毒及能辨毒藥。又謂之碧犀，此等最貴。

花羊角

花羊角，多出北地，黑身白花者高，白身黑花者低。作刀靶，染油不滑。凡刀靶，鸂鶒木爲最佳，花羊角次之，他物皆不及也。鸂鶒木，見下異木内。

象牙後增

象牙，出南蕃、西蕃及廣西，交阯、雲南皆有，南蕃者長大，廣西、安南者短小。新鋸開，粉紅色者最佳。雲南麓别出作梳子，直者好，横者易斷。

龍涎

龍涎，出大食國，無香，有燥色，白者如白藥煎藥名。而膩理，黑者亞之，如五靈脂藥名。而光澤，能發衆香，故用以合香。

鬼功石

嘗有戒指，内嵌瑪瑙一塊，面上碾成十二文生肖，其紋細如髮，似非人功，故謂之鬼功石，又名鬼國石。

鬼功毬

嘗有象牙圓毬兒一箇，中直通一竅，内車二重，皆可轉動，謂之鬼功毬。或云宋内院中作者。

紅豬牙

紅豬牙，出西蕃，如蚌，棗色，紋理粗細，與象牙相似，世傳多年龍牙，多作刀靶扇柄。假者以白象牙用藥煮成者。

鶴頂紅後增

鶴頂，出南蕃大海中，有魚頂中魫紅如血，名曰鶴魚，故以爲帶，號曰鶴頂紅。今用龜筒夾鶴魚魫爲梳，名曰鶴頂梳。

佐近在都御史羅通官舍，見其鶴頂紅帶，云是海外真鶴頂，剪碎紅頂，夾打成帶，上有細波紋，無紋者即僞物也，姑并記之，以俟知者辨焉。又見真鶴頂，但兩頰紅，頂不紅，大者三箇，可作一帶。

龜筒

龜筒，亦出南蕃海中，其色似玳瑁，而無斑紋。

玳瑁後增

玳瑁，出南蕃山海中，白多黑少者價高，但黑斑多者不爲奇。有移斑者，用龜筒夾玳瑁黑點兒，宜仔細驗之。

佐按字書，瑇瑁是大龜背文，有黃多黑少者，有黃黑相半者，好者其黃如蜜，其黑如漆。古人云「黃者黃如蜜，黑者黑如漆」，其低者黑白不分，或黃黑散亂。

金後增

金，出南蕃、雲南、西蕃、高麗等處沙中。

南蕃瓜子金、麩皮金，皆生金也。

雲南葉子金、西蕃回回金，此熟金也，其性柔而重，色赤，足色者，面有椒花鳳尾及紫霞色。

如和銀者，性柔，石試則色青，火燒色不黑。

和氣子者，即紅銅，又名張公，又名身子石，試有聲而落屑，色赤而性硬，火燒黑色難打，又發裂。古諺云「金怕石頭銀怕火」，其色七青八黃，九紫十赤，以赤爲足色金也。

金性軟，插銅則硬，打則有路痕。

佐在京，見蘇人唐宗仁將金鎔成足色赤金，中有一大點紫色，謂之紫衣，凡買金者不見紫衣，不肯信爲足色。

南京又有人將金打箔，亦作葉子金，其中多有沙屑，成交，方肯鎔錠子與買主。恐沙不能出也，宜仔細用水洗驗，切不可輕易，須燒三出，以醋於瓦器或木盆内淬之，真則黃，有銅則黑。

紫金

紫金，古云「半两錢即紫金」，今人用赤銅和黄金爲之，然世人未嘗見真紫金也。

烏金新增。缺。

金槑藥後增

用餤硝、緑樊、鹽、留窯器，入乾净水調和，火上煎，色變即止，然後刷上金器物上，烘乾，留火内略燒焦色，急入净水刷洗，如不黄，再上，然俱在外也。

佐按，有人傳云，用好青緑鎔成，要泡鵝油焠之，和銀則軟。

銀後增

銀，出閩、浙、两廣、雲南、貴州、交阯等處山中，足色成錠者，面有金花，次者緑花，又次者黑花，故謂之花銀。蜂窩中有倒滴而光澤，火燒色不改者，又次之。

松紋假金花，以密陀僧爲之。

若面有黑斑而不光澤者，必有黑鉛在内，有八成色，謂之狗蚤斑。九成色者，火燒後死，白邊灰色，謂之吹松紋。雪白者有九六成色。

佐按，金花銀是足色。直砍到底，两頭有絲者，曰粗絲，亦好。有八五成色，臉欠白，一頭有絲，明白而無鍋者，又次之。有八成色，四五條線絲者。但七八成者，砍得二三分即斷。又有印絲者，只五六成色，最低，擦得甘草黄。但寫錠子，只要有絲，面平而無鍋者好。好者出爐白，次者灰色，又次者出爐便黑。和鉛多者，一砍即碎，俗曰濕。有五六成色，擦則不紅。和銅多者，砍則難斷，一燒即紅。至低者燒紅，打得粉碎。古諺云：「燒得黑，尤使得，燒得紅，是塊銅。」

僞銀有鼎銀，一燒則煙起，去了水銀，却有六分好銀，其餘僞銀，宜仔細辨驗。好銀性軟，插銅則硬，擦之則紅。

凡假銀，只用磨擦一燒即見，又有做得好者，燒四出火。

銀子名色

金花銀第一，細花松紋第二，九七八。粗絲松紋第三，兩頭絲曰粗絲，第四，俱八五。細絲松紋臉白光第五。九七。

鸚䴉杯　鸕鷀杓

鸚䴉杯，即海螺盞，出廣南，土人琢磨，或用銀或用金鑲足，作酒杯，故名曰鸚䴉杯。

鸕鷀杓，亦海螺，俱不甚值錢。

鑌鐵

鑌鐵，出西蕃，面上有旋螺花者，有芝麻雪花者。凡刀劍器打磨光浄，用金絲礬礬之，其花則見，價值過銀。

古語云：「識鐵强如識金。」假造者是黑花，宜仔細辨。刀子有三絶，大金水總管刀一也，西蕃鸂鶒木靶二也，鞑靼韊皮鞘三也。嘗有鑌鐵剪刀一把，製作極巧，外面起花鍍金，裹面嵌銀回回字者。

錠鐵

錠鐵，出甘肅北方，青黑色，性最堅燥，北方多用此鐵作利刀，其價值低於鑌鐵多矣。閩、廣、衡鐵，廣東鐵，高衡州鐵，無用易斷，閩鐵亦好。

錫

蕃錫出雲南，最軟，宜鑲盌盞，花錫亦出雲南，大花者高，小花次之，衡州錫亦好。

金剛鑽

金剛砂，出西蕃深山之高頂，人不可到，乃鷹隼打食在上，同肉喫於腹中，却在於野地上鷹糞中獲得，看大小定價。

如辨真僞，將砂於炭火中燒紅，入釅醋中浸，假者酥而易碎，真者乃復硬而可用。如或失去，和灰土掃在乳缽内擂之，響者是也，以其能鑽定器，故名之曰金剛鑽。

天生聖像

嘗有降真香節内及木節中，生成真武像，有石中及蚌中生成觀音像，此乃天地造化，真世之奇寶也。

或云，正統中，貴州珠砂中有生成觀音像。增。

古銅論

古銅色

銅器入土千年，色純青如翠，入水千年，色純綠如瓜皮，皆瑩潤如玉。未及千年，雖有青緑而不瑩潤，有土蝕穿，破一作剥。處如蝸篆自然，或有斧鑿痕則僞也。器厚者止能銹三分之一，或減半，其體還重，器薄者，銅將銹盡，有穿破處，不見銅色，惟見青緑徹骨，其中或紅色如丹，不曾入水土，惟流傳人間。其色紫褐而有硃砂斑凸起者，如上等辰砂，此三等結銹，最貴。有如蠟茶色者，有如黑漆色者，在水土中年近，雖銹不能入骨，亦不瑩潤，此者次之。嘗考漢銅錢，至今一千五百餘年，雖有青緑而少有瑩潤，亦無原砂斑凸起者，漢印亦然。

今所見古銅器，有青緑剥蝕徹骨，瑩潤如玉，及有原砂斑凸起者，非三代時物，蓋古無此也。

僞古銅

用䃃醋調硇一作銅。砂末，白傅新銅器上，候成蠟茶色，或漆色，或緑色，入水浸後，用糯稻草燒煙薰之，以新布擦光，椶刷刷之，僞耕硃砂斑，以漆調硃爲之。然俱在外，不能入骨，最易辨也。

三代器

夏尚忠，商尚質，周尚文，其制器亦然。商器質素無文，周器雕篆細密，而夏器獨不然。嘗有夏器，於銅上鑲嵌以金，其細如髮，夏器大抵皆然。鑲嵌今訛爲商嵌。《詩》云：「追琢其章，金玉其相。」

局器

唐天寶間至南唐後主時，於句容縣置官場以鑄之，故其上多有監官花押，其體輕薄，花紋細而可愛，非古器也。

亦有微青緑色及硃砂斑者，不能徹骨瑩徹。

新銅器

宋句容縣及台州鑄者，多是小雷紋花見。

元杭州姜娘子、平江路王吉，鑄銅器皆得名，花紋却粗，姜鑄勝於王吉，俱不甚值錢。

古鑄

古之鑄器，以蠟爲模，花紋細如髮而匀浄分曉，識文筆劃如仰瓦而不深峻，大小淺深如一，并無硃砂斑之類，此乃作事之精緻也。其款識稍有模糊不匀浄及模範不端正者，以野鑄也。

古銅款識

或云，款乃花紋，以陽飾器皿，居外而凸。識乃篆字以紀工，所謂銘書鐘鼎，居内而凹者。三代用陰識，其字凹，入漢用陽識，其字凸起，間有凹者，亦陰鑄，蓋陰識難鑄，陽識易成。

但有陽識者，決非三代之器也。凸音突，凹音拗，平聲。

古香爐後增

尚古無香，焚蕭艾，尚氣臭而已，故無香爐。今所用者，皆古之祭器鼎彝之屬，非香爐也。惟博山爐乃漢太子宮中所用香爐也，香爐之製始於此，多有象古新鑄者，當以體質顏色辨之。

新增格古要論卷七

古硯論

端溪下巖舊坑石

端溪出廣東肇慶府，端溪下巖舊坑卵石，色如漆，細潤如玉，有眼，中有暈，或六七眼相連，排星斗象，此巖宋慶曆間坑石已竭矣。又有一種卵石，去標方得材，色青黑，細潤如玉，有音花如筋頭大，似碧玉青瑩者，或有白點如粟，排星斗象，水濕方見，皆扣之無聲，磨墨亦無聲，此二種石最貴，下巖止有一坑出此。漆色、青花二種石，其色未嘗紫也，別無新坑。

端溪上巖舊坑新坑石

端溪上巖舊坑新坑石，皆灰色，紫而粗燥，眼如雄雞眼大，叩之、磨墨皆有聲，久用光如鏡面。舊坑稍勝，新坑惟端石有眼。

古人云無眼不成端，其眼有活眼、淚眼、死眼，活眼勝淚眼，淚眼勝死眼。又云，眼多者石中有病。

端溪中巖舊坑新坑石

端溪中巖舊坑赤卵石，色紫如嫩肝，細潤如玉，有眼小如緑豆，有緑緣紋，或有白緣紋，堅而圓者爲眼，横而長者爲緣紋，扣之無聲，磨墨亦無聲，此二種石最貴，外有横臕包絡，久用鋒芒不退。此石宋時此坑取亦竭矣。

中巖新坑石，色淡紫，眼如鴝鵒眼大，中有暈，嫩者扣之無甚聲，磨墨微有聲，久用鋒芒退乏。石有枯潤，潤者亦難得，此石下巖低三等矣。

端溪古論出《方輿勝覽》。新增。

唐柳公權曰：端州有溪曰端溪，其硯有赤、白、黄色點者，謂之鴝鵒眼，或脈理黄者，謂之金線紋。

端州郡志云：有青紋者，謂之青縧，其短者謂之眼筋，下巖石亦有之。色微斑者，謂之火黯者，下巖無此。又有曰赤裂，曰黄霞，曰鐵線，曰白鑽者，圓而深，如鑽眼。曰壓矢，其色斑駁。其舊坑則有龍巖、汲綆、黄圃三石，汲綆全無眼，其新坑則有。後磨、小湘、唐竇、黄坑、蚌坑、鐵坑六處，皆不及上三石。

蘇易簡《硯譜》：端溪硯，水中者石色青，山半者石色紫，山頂石尤潤，如豬肝色者佳。若匠者識山之脈理，鑿一竅，自然有圓石青紫色者，琢而爲硯，可值千金，謂之子石硯。

《東軒筆録》：魏泰曰，端溪硯有三種，曰巖山，曰西坑，曰後磨石。石色深紫，襯手而潤，扣之清遠，有青緑圓小鴝鵒眼，乃巖石。其次色赤，呵之乃潤。鴝鵒眼色紫，紋慢而大，此乃西坑石也。其下青紫色，向明側視有碎星光點，如沙中雲母，乾而少潤，謂之後磨石。西坑硯三，當巖石之一，下後磨石三，當西坑之一，其品可知。

宋丁寶臣知端州，以端溪緑石硯送王荆公，謂之玉堂新樣。

隋、唐、宋皆爲端州，宋徽宗封端王以潛邸，始改肇慶府。端溪在高要縣下，巖在大江中，又名北壁，有龍潭硯最佳。

評硯見《事林廣記》。新增。

端硯出端溪，有上下巖、西坑，餘處悉其下也。惟北巖爲上，北巖即上巖，色理瑩潤有鋩者，尤發墨。本以紫石爲上，紫石者在大石中生，蓋精石也。又有草蒙茸、金線紋，惟有眼者最貴，謂之鴝鵒眼，石文精美，如木有節，今不知者乃以爲病。惟上巖石有眼，眼之佳者，青、緑、黄三色相重，多者自外至心，凡九帀，其大者尤爲稀有，或布列硯中，如北斗、心房星之形，世人以眼多少爲價之輕重。其生於墨池之外者謂之高眼，生於内者謂之低眼，高眼尤爲尚。然又有活眼、淚眼、死眼，黄黑相間，黳精在內，晶瑩可愛，謂之活眼。四傍浸清，不甚鮮明，謂之淚眼。形體略具，內外皆白，殊無光彩，謂之死眼。大抵活眼勝淚眼，淚眼勝死眼，死眼勝無眼也。

硯譜見歐陽公《外集》。新增。

宋歐陽文忠公《硯譜》云：端石出端溪，色理瑩潤，本以子石爲上，子石者，在大石中生，蓋精石也，而流俗傳訛，遂以紫石爲上。又以貯水不耗爲佳，有鴝鵒眼者爲貴。眼，石病也，然惟北巖石則有之。端石非徒上重於流俗，官司歲以爲貢，亦在他硯上，然十無一二發墨者，但充翫好而已。端溪在宋端州，今廣東肇慶府。

歙石出龍尾溪，其石堅勁，大抵多發墨，故前世多用之，以金星爲貴，其石理微粗，以手摩之，索索有鋒鋩者尤佳。余少時又得金坑礦石，尤堅而發墨，然世亦罕有。歙州，今南直隸徽州府也。

端溪以北巖爲上，龍尾以深溪爲上，較其優劣，龍尾遠出端溪上，而端溪以後出見貴耳。

絳州角石者，其色如白牛角，其紋有花浪，與牛角無異，然頑滑不發墨，世人但以研丹爾。絳州，今山西平陽府絳州也。

歸州大沱石，其色青黑斑斑，其文理微粗，亦頗發墨，歸峽人謂江水爲沱，蓋江水中石也。硯止用於川峽人，世未嘗有。余爲夷陵縣令時，嘗得一枚，聊記以廣聞耳。歸州，今湖廣荆州府歸州。

青州紫金石，文理粗，亦不發墨，惟京東人用之。又有鐵硯，製作頗精，然患其不發墨，往往函端石於其中，人亦罕用。惟硯筒便於提攜，官曹往往持之以自從爾。青州，今山東青州府。

紅絲石硯者，君謨贈余云，此青州石也，得之唐彦猷，云須飮以水，使足，乃可用，不然竭燥。彦猷甚奇此硯，以爲發墨不減端石。君謨又言端石瑩潤，惟有鋩者尤發墨，歙石多鋩，惟膩理者特佳，蓋物之奇者必異其類也。此言與余特異，故并記之。

青州、濰州石末硯，皆瓦硯也，其善發墨也，非石硯之比，然稍粗者損筆鋒。石末本用濰水石，前世已記之，故唐人惟稱濰州，今二州所作皆佳，而青州尤擅名於世矣。

濰州，今山東萊州府平渡州濰縣。

相州古瓦誠佳，然少真者，蓋真瓦朽腐不可用，世俗尚其名爾。今人乃以澄泥如古瓦狀作瓦，埋土中，久而斵以爲硯。然不必真古瓦，自是凡瓦皆發墨優於石爾。今見官府典吏，以破瓦甕片研墨作文書，尤快也。相州，今河南。

虢州澄泥，唐人品硯，以爲第一，而今人罕用矣。

《文房四譜》有造瓦硯法，人罕知其妙，向時有著作佐郎劉羲叟者，嘗如其法造也，絶佳。硯作未多，士大夫家未甚有，而羲叟物故，獨余得其二，一以贈劉原父，一余置中書閣中，尤以爲寶也。今士大夫不學書，故罕事筆硯，硯之見於時者惟此耳。

已上十一條，俱見《歐陽文忠公文集·外集》二十二卷。

歙溪龍尾石舊坑

歙溪、龍尾溪舊坑赤卵石，色淡，青黑無紋而温潤如玉，水濕之微紫，或隱隱有白紋，成山水星月異像，乾則否。

大者不過四五寸，多作月硯，就其材也。

或有純黑者，此石至貴，不減端溪下巖石。

舊坑南唐時方開，龍尾溪坑，至宋取盡矣。

龍尾溪新坑，色亦青黑，質粗燥，有極大者盈二三尺。

歙溪羅紋刷絲、金銀間刷絲、眉子俱舊坑四品，舊坑石皆青黑色。

紋細而潤如玉，曰羅紋，如細羅紋刷絲如髮密，金銀間刷絲亦細密，眉子如甲痕，或如蠶大。

已上石亦南唐時開，至北宋時無矣，得之貴重不減龍尾舊坑。

四品新坑，石質并枯燥，紋亦粗。

羅紋如羅茯紋，大者盈二三尺，刷絲每條相去一二分，眉子或長二三寸。

金星舊坑新坑

金星舊坑、新坑，石淡青色，并粗，大者盈尺，久用則退乏。

銀星舊坑新坑

銀星舊坑、新坑，石淡青黑色，并粗燥，有星處不堪磨墨，多側取爲硯，久用則退乏，其小者如鏡面，大者盈尺。

佐家有一團硯，面上多白點，如粟米大，此銀星也。

類端硯

湖廣辰、沅州出一種石，色深黑，質粗燥，或有小眼，端溪人取歸，刻作端石樣，稱爲黑端。今湖廣辰州府沅州。

辰、沅二州人自製者，多作犀牛、龜魚、八角等樣。

瀫溪石。有一種石，出九溪之瀫溪，石表淡青色，内深紫而帶紅，有極細潤者，久用則光如鏡，或有金線及黄脈相間者，號爲紫袍金帶。今九溪衛，在湖廣常德、辰州二府界。

紫袍金帶，多有僞者，蓋以藥成之，分明有拆痕可驗，真者自不同也。

洮溪硯

嘗聞洮河緑石，色絶如藍，其潤如玉，發墨不減端溪下巖石。

此石出陝西臨洮府大河深水中，甚難得也。

今有緑石硯名洮石者，多是潹石之表，或湖廣長沙府山谷中石也，潹石潤而光，却不受墨。

萬州金星硯

萬州懸崖金星石，資質亞於端溪下巖石，色漆墨，細潤如玉，水濕之則金星自見，乾則否，極發墨，久用不退乏，非歙比也。如得之，不減端溪下巖石。在廣東海外瓊州府。

衢硯新增

衢硯，今浙江衢州府所出。開化縣黑石最佳，大者三尺，但多不發墨。

硯名出《廣記》。此下俱新增。

龍尾硯、金星硯、羅紋硯、蛾眉硯、角浪硯、松紋硯、豆斑硯，已上俱出歙縣，皆硯之異名，其石皆出於龍尾溪，金星尤佳。

紅絲硯、黑角硯、黄玉硯、褐色硯、紫金硯、鵲金墨玉石硯，已上俱出東州。唐彦猷作紅絲硯，自號爲天下第一。

子石硯、鴝鵒眼、緑緣環，已上俱出廣東端溪。紫石硯，出吉州。黄金硯，出淄州。金雀石硯，出淄州。熟鐵硯，出青州。磁洞石硯，出萬州。懸崖金星石硯，出萬州。古瓦硯，出相州，即銅雀硯。魯水硯，出南劍州。樂石硯，出宿州。緑石硯，出洮州。角石硯，出絳州。石末硯，出青州。澄泥硯，出虢州。大陀石硯，出歸州。駝基島石硯，出登州。石末硯，發墨而廢筆。龍尾，得墨遲而久不燥。羅紋石，起墨過於龍尾，端溪龍窟巖紫石又次之。古瓦類石末，他無足議。

洗硯法出《廣記》。新增。

凡硯須日滌之，過二三日即墨色差減，縱未能滌，亦須易水，春夏蒸濕之時，墨久留其間，則膠力滯而不可用，尤要頻滌去之。

洗硯不得使熱湯，亦不得用氈片故紙，惟以蓮房枯炭洗之，最佳。

端溪自有洗硯石，或挼皂角水洗之，亦得。

半夏切平洗硯，大去滯墨。

又黄蠟補硯尤佳。

漢未央宫瓦硯記金華王子充

漢未央宫諸殿瓦，其身如半筒，而覆檐際者則其頭有面外向，其面徑五寸，圍一尺六寸强。有四篆字，字凡六等，曰漢并天下，曰長樂未央，曰儲胥未央，曰長生無極，曰萬壽無疆，曰永壽無疆。面至背厚一寸弱，其背平可研墨，唐宋以來人得之，即去其身以爲硯，故俗呼瓦頭硯也。或謂其質稍粗，又入土歲久，頗渴水，比銅雀瓦爲少劣，抑豈知銅雀瓦雖精，然曹瞞所製，無足貴者，孰與未央諸瓦，出於漢初，爲可重乎。洪武辛亥夏，余留長安，校官馬懿、張祐，以此瓦相遺，其字曰長樂未央，於是爲千六百年物矣，乃貯以梓匣，寶而用之。嗚呼，物之用固繫其逢也哉。

按未央宫在長安，漢高帝七年，丞相蕭何建，近因録王忠文公褘此記。同寅員外王鉉，長安人也，云有太極未央一等，而此未之及，蓋子充或未之見歟。因并識之，以俟參考。時天順元年丁丑夏四月朔日，王佐記。

江西新造漢未央宫瓦硯

宣德中，江西寧府老殿下，新造漢未央宫瓦硯，改作今布瓦様，極精緻，恒以賜往來官員，人多寶爲清玩。研墨頗不渴水，其瓦高八寸强，闊六寸，面至背厚一寸弱，面上有銘曰：「伊□古龍，飲渭達樊，□以龍首，西皇高原，卯金方昌，大興天□，雕楹玉碣，華榱璧琚，以壯天下，誰何不尊，世遠人邈，獨遺斯存，可歎可戒，且磨且捫，茅茨土階，孰爲其仁。」凡十一行，一行六字，末有「臞仙書」三字，字皆古隸，下有一小圖書「寧國」二字。面中間剜，其四圍作小緣環樣硯，硯上有水池，左有「炎漢古甓，維天所錫」，右有「子子孫孫，永寶□襲」，皆八篆字。下有「爲愛甄陶之質，宜加即墨之封」十二小篆字，凡四行。其背中間大書「未央宫東閣瓦」六字，結方一寸，左有「大漢十年」四字，右有「酇侯蕭何監造」六字，俱隸字，差小於中。姑記於此，以俟知者，吉水王佐記。

魏武銅雀瓦硯缺

端硯

柳公權曰：端州有溪曰端溪，其硯有赤白黄色點者，謂之鴝鵒眼，或脈理黄者，謂之金線紋。

郡志云：有青紋者，謂之青絛，其短者謂之眼筋，下巖石亦有之，色微斑者，謂之火黯，下巖無此，又有曰赤裂，曰黄霞，曰鐵線，曰白鑽，圓而深如鑽眼曰壓矢，其色斑駮。其舊坑則有龍巖、汲綆、黄圃三石，汲綆全無眼，其新坑則有後歷、小湘、唐竇、黄坑、蚌坑、鐵坑六處，皆不及上三石。

蘇易簡《硯譜》：端溪硯，水中者石色青，山半者石色紫，山頂石尤潤，如豬肝色者佳，若匠者識山之脈理，鑿一窟，自然有圓石青紫色者，琢而爲硯，可直千金，謂之子石硯。

《東軒筆録》：魏泰曰，端溪硯有三種，曰巖山，曰西坑，曰後磨石。石色深紫，襯手而潤，叩之清遠，有青緑圓小鴝鵒眼，乃巖石。其次色赤，呵之乃潤，鴝鵒眼色紫，紋漫而大，此乃西坑石也。其下青紫色，向明側視，有碎星光點，如沙中雲母，乾而少潤，謂之後磨石。西坑硯三，當巖石之一，後磨石三，當西坑之一，其品可知。

李賀《紫石硯歌》：端州石匠巧如神，露天磨刀割紫雲，紗帷晝睡墨花春，輕漚漂沫松麝薰。

昔丁寶臣知端州，以詩送緑石硯於介甫，所謂「玉堂新樣」者，介甫以詩報之云：「玉堂新樣世爭傳，況是蠻溪緑石鐫。嗟我長來無異物，愧君特贈有新篇。久埋瘴霧看猶濕，一取春波洗更鮮。還與故人袍色似，論心於此亦同堅。」

蘇子瞻《硯銘》：千夫挽綆，百夫運斤，篝火下縋，以出斯珍。

端溪古硯論，以結上文。

異石論

靈璧石後增

靈璧石，出鳳陽府宿州靈璧縣，在深山中，掘之乃見，其色黑如漆，間有細白紋如玉者，有臥砂不起峯者，亦無巖岫。

佳者如臥牛、菡萏、蟠螭，一作蝸。扣之聲清如玉，快刀刮不動。

此石能收香，齋閣中有之，香雲終日不散。

假者多以太湖石染色，刀刮成屑。

洪武初年，取其石作磬，給賜各府文廟，其色灰白，其聲清逸，吉安、南昌府學皆有之，近年多取其石作硯，而不見有黑漆者。

土瑪瑙

土瑪瑙，此石出山東兖州府沂州，花紋如瑪瑙，紅多而細潤，不搭粗石者爲佳。胡桃花者最好，亦有大雲頭花者，乃纏絲者，皆次之。有紅白花，粗者又次之。大者五六尺，性堅，用砂鋸板，嵌臺桌面、几牀、屏風之類。又曰錦屏瑪瑙。

紅絲石

紅絲石，類土瑪瑙，質粗不潤，白地上有赤紅紋路，并無雲頭等花，亦可鋸板嵌臺桌，大者五六尺，不甚值錢，出下闕。

竹葉瑪瑙石

此石花斑，與竹葉相類，故名竹葉瑪瑙，斑大小長短不一樣，每斑紫黄色，斑大者青色多，性堅，可鋸板嵌桌面，斑細者貴，斑大者不貴。有一等斑小者如米豆大，甚可愛，多碾作骰盆等器，此石甚少。

雲母石

雲母石，出兖州、江州、石州，青黄色，揭薄片，留火上燒香最佳。

南陽石

南陽石，出原闕。

此石純緑花者最佳，有淡緑花者，有油色雲頭花者，皆次之。性堅，極細潤，鋸板可嵌桌面、硯屏。其石於燈前或窗間照之則明，少有大者，俗謂之硫黄石。

永石即祁陽石。後增。

此石出湖廣永州府祁陽縣，今謂之祁石。永石不堅，色青，好者有山水日月人物之像，多是刀刮成，非自然者，以手摸之凹凸者可驗。紫花者稍勝，青花者鋸石版，可嵌桌面、屏風，鑲嵌任用，皆不甚值錢。佐近得二三片石，其大者四五尺，其山水、人物、鳥獸，儼然如畫，皆出自然，委非刮成者，今以嵌作春臺屏風。近又見金陵朱士選侍郎家有一大屏風，四尺許，其上有三峯本佳，以藥咬成，三峯相連，又以刀刮成，反不好看，信如前所云者，皆此類耳。五尺者絶少，小者最多。

川石

川石，出四川。

此石白地青黑花紋，如山坡，性堅，鋸版可嵌桌面。此石亦少，稀見大者。

英石

英石，出英州。

此石如銅鑛聲，倒生巖下，以鋸取之，故底平。起峯二三寸，亦可作几案奇玩，色黑潤者可愛。

試金石後增

試金石，出蜀中。

此石出江水内，純墨色，細潤者佳。若石上試金滿，用鹽洗去，留放濕地上，少時用，更用胡桃油揩過却上金，常用袋盛之。好者四五寸長，二三寸大，價銀值一二兩。又有一等黑石，可試銀，佐不知其所出。

湖山石

湖山石，出原闕。

此石青黑色，類太湖石，花紋與骰子、香楠木相似，性堅，鋸版可嵌桌面，雖不奇異，亦少有之。

石琉璃

石琉璃，出高麗國，性堅刮不動，色白，厚半寸許，可作燈盞，注油點燈，明如角者。好者多以重價求之。

不灰木石後增

不灰木石，出山西澤、潞二州山中，青白色，堅重似石，或以紙裹，蘸石腦油浸之，點燈可照夜，燒不成灰。世多作小刀靶。

佐同寅膠中欒瑄任大同知府，曾以數刀靶見贈，正此也。或又有送二三刀靶，正如石，亦青白色，失記送者姓名，竟不知出於何處。石腦油出陝西延安府，陝西客人云，此油出石巖下水中，作氣息，以草拖引煎過，土人多用以點燈。又云浸不灰木，浸一年，點一年，理或然也，姑俟試之。

霞石

霞石，出山西。

此石其色黑如漆，内有白點如豆大，似菊花，但資質甚粗，不爲奇。

烏石 新增

烏石，出山西澤、潞山中，其色純黑如漆，細潤如玉，性堅甚，利刀刮不動，多作帶用，亦難得。

龜紋石

嘗見石龜鎖子一箇，如酒盞大，遍身天生自然龜紋，甚可愛。

神龜新增

永樂中，造孝陵碑，鑿石，於石中得一白石龜，今在内府南京奉先殿。

崑山石後增

崑山石，出蘇州府崑山縣馬鞍山，此石於深山中掘之乃得，玲瓏可愛，鑿成山坡，種石菖蒲花樹及小松柏樹。

佐近詢其鄉人，山在縣後一二里許，山上石是火石，山洞中石玲瓏，好栽菖蒲等物，最佳茂盛，蓋火暖故也。

太湖石新增

太湖石，在蘇州府吴縣南五十里，近洞庭湖。

郡志：湖在洞庭湖西，石在水中者爲貴，蓋石在水中歲久，爲波濤所衝擊，皆成空，石面鱗鱗作靨，名曰彈窩，亦水痕也。没人縋下鑿取，極不易得。石性温潤奇巧，扣之鏗然如鐘磬，在山上者名旱石，枯而不潤，或贋作彈窩以售人，亦得善價。

唐白樂天太湖石記

古之達人，皆有所嗜，玄晏先生嗜書，嵇中散嗜琴，靖節先生嗜酒，今丞相奇章公嗜石。石無文無聲，無臭無味，與三物不同，而公嗜之何也，衆皆怪之，余獨知之。昔故友李生名約有云：「苟適吾意，其用則多」，誠哉是言，適意而已，公之所嗜，可知之矣。公以司徒保釐河雒，治家無珍產，奉身無長物，惟東城置一第，南郭營一墅，精葺宫宇，慎擇賓客，性不苟合，居常寡徒，遊息之時，與石爲伍。石有族聚，太湖爲甲，羅浮、天竺之徒次焉，今公之所嗜者甲也。先是，公之僚吏多鎮守江湖，知公之心，惟石是好，乃鈎深致遠，獻瑰納奇，四五年間，累累而至。公於此物，獨不廉讓，東第南墅，列而致之。富哉石乎，厥狀非一，有盤拗秀出，如靈丘鮮雲者，有端嚴挺立，如真官神人者，有縝潤削成珪瓚者，有廉稜鋭劌如劍戟者。又有如虬如鳳，若跧若動，將翔將踴，如鬼如獸，若行若驟，將攫將鬬。風烈雨晦之夕，洞穴開噎，若欱雲歕雷，嶷嶷然有可畏而望之者。煙霽景麗之旦，巖崿霔霨，若拂嵐撲黛，靄靄然有可狎而玩之者。昏曉之交，名狀不可，撮要而言，則三山五岳，百洞千壑，覼縷簇縮，盡在其中，百仞一拳，千里一瞬，坐而得之，此所以爲公適意之用也。與公迫觀熟察，相顧而言，豈造物者有意於其間乎？將胚渾凝結，偶然成功乎？然而自一成不變已來，不知幾千萬年，或委海隅，或淪湖底，高者僅數仞，重者殆千鈞，一旦不鞭而來，無脛而至，爭奇騁怪，爲公眼中之物，公又待之如賓友，親之如賢哲，重之如寶玉，愛之如兒孫，不知精意有所召耶？將尤物有所歸耶？孰不爲而來耶？必有以也。石有大小，其數四等，以甲乙丙丁品之，每品有上中下，各刻於石陰，曰「牛氏石甲之上」，「丙之中」，與我同好者，覩斯石，覽斯文，知公之嗜石之自。

「乙之下」。噫，是石也，百千載後，散在天壤之内，轉徙隱見，誰復知之。欲使將來

宋歐陽文忠公菱谿石記

菱谿之石有六，其四爲人取去，其一差小而尤奇，亦藏民家。其最大者，偃然僵臥於谿側，以其難徙，故得獨存。每歲寒霜落，水涸而石出，谿旁人見其可怪，往往祀以爲神。菱谿，按圖與經皆不載，唐會昌中刺史李濆爲《荇谿記》云：「水出永陽嶺西，經黄道山下。」以地求之，今無所謂荇谿者。詢於滁人，曰此谿是也。楊行密有淮南，淮人爲諱其嫌名，以荇爲菱，理或然也。谿傍有遺址，故亡將劉金之宅，石即劉氏之物也。金，僞吴時貴將，與行密俱起合淝，號三十六英雄，金其一也。金本武夫悍卒，而乃能知愛賞奇異，爲兒女子之好，豈非遭逢亂世，功成志得，驕於寶貴之佚欲而然耶。想其陂池臺榭，奇木異草，與此石稱，亦一時之盛哉。今劉氏之後，散爲編民，尚有居谿旁者，予感夫人物之廢興，惜其可愛而棄之，乃以三牛曳置幽谷。又索其小

者，得於白塔民朱氏，遂立於亭之南北，亭負城而近，以爲滁人歲時嬉遊之好。夫物之奇者，棄没於幽遠則可惜，置之耳目，則愛者不免取之而去。嗟夫，劉金者雖不足道，然亦可謂雄勇之士，其平生志意，豈不偉哉。及其後世，荒堙零落，至於子孫，泯没而無聞，況欲長有此石乎？用此可爲寶貴者之戒。而好奇之士聞此石者，可以一賞而足，何必取而去也哉。

古窯器論

紫窯

紫窯器，出北地河南鄭州，世傳周世宗姓柴氏時所燒者，故謂之柴窯。天青色，滋潤細膩有細紋，多是粗黄土足，近世少見。

汝窯

汝窯器，出汝州，宋時燒者，淡青色，有蟹爪紋者真，無紋者尤好，土脈滋潤，薄亦甚難得。

官窯

官窯器，宋修內司燒者，土脈細潤，色青帶粉紅，濃淡不一，蟹爪紋，紫口鐵足，色好者與汝窯相類。有黑土者謂之烏泥窯。僞者皆龍泉，所燒者無紋路。

董窯

董窯，出原闕。淡青色，細紋，多有紫口鐵足，比官窯無紅色，質粗而不細潤，不逮官窯多矣，今亦少見。

哥哥窯

舊哥哥窯，出原闕。

色青，濃淡不一，亦有鐵足紫口，色好者類董窯，今亦少。有成羣隊者，是元末新燒，土脈粗燥，色亦不好。

象窯

象窯器皿，出原闕。

有蟹爪紋，色白而滋潤者高，色黄而質粗者低，俱不甚值錢。

高麗窯

古高麗窯器皿。

色粉青，與龍泉窯相類，上有白花朵兒者，不甚值錢。

大食窯後增

大食窯器，出原闕。

以銅作身，用藥燒成五色花者，與佛郎嵌相似。嘗見香爐、花瓶、合兒、盞子之類，但可婦人閨閣之中用，非士大夫文房清玩也。又謂之鬼國窯，今雲南人在京，多作酒盞，俗呼曰鬼國嵌。内府作者，細潤可愛。

古定窯

古定器，俱出北直隸定州。

土脈細，色白而滋潤者貴，質粗而色黄者價低。外有淚痕者是真。劃花者最佳，素者亦好，繡花者次之。

宋宣和、政和間窯最好，但難得成隊者。有紫定，色紫，有墨定，色黑如漆。土俱白，其價高於白定。東坡詩云：「定州花瓷琢紅玉。」凡窯器有茅篾骨出者，價輕。蓋損曰茅，路曰篾，無油水曰骨，此乃賣骨董市語也。

吉州窯後增

吉州窯，出今吉安府廬陵縣永和鎮。其色與紫定器相類，體厚而質粗，不甚值錢。宋時有五窯，書公燒者最佳，有白色，有紫色，花瓶大者值數两，小者有花。又有碎器最佳。

相傳云，宋文丞相過此窯，變成玉，遂不燒焉。今其窯尚有遺跡在人家，永樂中，或掘有玉杯盞之類，理或然也。自元至今猶然。

古磁器

古磁器，出河南彰德府磁州。好者與定器相似，但無淚痕，亦有劃花、繡花。素者價高於定器，新者不足論也。

古建窯

建窯器，出福建。其盌盞多是擎口，色黑而滋潤，有黄兔斑滴珠大者真。但體極厚，俗甚少見薄者。

古龍泉窯

古龍泉窯，在今浙江處州府龍泉縣，今曰處器、青器、古青器。土脈細且薄，翠青色者貴。有粉青色者。有一等盆底有雙魚，盆外有銅掇環。體厚者不甚佳。

古饒器後增

古饒器，出今江西饒州府浮梁縣。御土窯者，體薄而潤，最好。有素折腰樣。毛口者，體雖薄，一作厚。色白且潤，尤佳。其價低於定器。

元朝燒小足印花者，内有樞府字者高。新燒大足素者欠潤，有青色及五色花者，且俗甚。今燒此器，好者色白而瑩，最高。又有青黑色戧金者，多是酒壺、酒盞，甚可愛。

霍窯

霍器，出山西平陽府霍州。

彭窯

元朝戧金匠彭均寶，效古定器製折腰様者，甚整齊，故名曰彭窯。土脈細，白者與定器相似，比青口欠滋潤，極脆，不甚值錢。賣骨董者稱爲新定器，好事者以重價收之，尤爲可笑。

折腰様。

古無器皿

古人吃茶，俱用擎，取其易乾，不留滓。飲酒用盞，未嘗把盞，故無勸盤。今所見定器勸盤，乃古之洗。古人用湯瓶、酒注，不用壺、瓶。及有觜折盂、茶鍾臺盤，此皆胡人所用者，中國人用者始於元朝。古定官窯，俱無此器。

新增格古要論卷八

古漆器論

古犀毗

古剔犀器皿，以滑地紫犀爲貴，底如仰瓦，光澤而堅薄，其色如膠棗色，俗謂之棗兒犀，亦有剔深峻者，次之。福州舊做者色黄，滑地圓花兒者，謂之福犀，堅且薄，亦難得。有雲者是也。

元朝嘉興府西塘楊匯新作者，雖重數多，剔得深峻者，其膏子少有堅者，但黄地子者最易浮脱。

剔紅後增

剔紅器皿，無新舊，但看硃厚色鮮，紅潤堅重者爲好，剔劍環香草者尤佳。若黄地子剔山水人物及花木飛走者，雖用工細巧，容易脱起。硃薄而紅者價低。

宋朝内府中物，多是金銀作素者。

元朝嘉興府西塘楊匯，有張成、楊茂剔紅最得名，但硃薄而不堅者多，日本國、琉球國獨愛此物。今雲南大理府人，專工作此，然僞者多。南京貴戚多有此物，有一等通硃紅，有一等帶黑色，好者絶高，僞者亦多，宜仔細辨之。

堆紅後增

假剔紅，用灰團起，外用硃漆漆之，故曰堆紅，但作劍環及香草者多，不甚值錢。又曰罩紅，今雲南大理府多有之。

戧金後增

戧金器皿，漆堅戧得好者爲上。

元朝初，嘉興府西塘有彭君寶者，甚得名，戧山水、人物、亭觀、花木鳥獸，種種臻妙。寧國府今有描金器皿，兩京匠人亦多作也。

攢犀

攢犀器皿，漆堅者多是宋朝舊做。槍金人物景致，用攢攢空間處，故謂之攢犀。

螺鈿後增

螺鈿器皿，出江西吉安府廬陵縣。

宋朝内府中物及舊做者，俱是堅漆，或有嵌銅線者，甚佳。

元朝時，富家不限年月做造，漆堅而人物細，可愛。今廬陵新做者，多用作料灰、豬血和桐油，不堅而易壞，甚者又用藕泥，其賤不可當。然好者須在家自作，方爲堅固。今吉安各縣舊家，藏有螺鈿牀、椅、屏風、人物，細妙可愛，照人可愛。諸大家新作果盒、簡牌、胡椅，亦不減其舊者，蓋自作故也。

洪武初，抄没蘇人沈萬三家條凳、椅、桌，螺鈿剔紅最妙，六科各衙門猶有存者。

古錦論

古錦 後增

古有樓閣錦、樗蒲錦，又曰闍婆錦、紫駝花、鸞鵲錦，此錦裝背古畫尤佳，今蘇州府有落花流水錦，及各色錦。

刻絲作

刻絲作，宋時舊織者，白地或青地子，織詩詞山水，或故事人物、花木鳥獸，其配色如傅彩，又謂之刻色作。此物甚難得，嘗有舞裀，闊一尺有餘者，且勻淨緊厚。

紵絲作

紵絲作，新織者類刻絲作，而欠光淨緊厚，不逮刻絲多矣。又曰紵絲作。

古錦帳

古錦帳，闊一丈有餘，多織《晝錦堂記》、《滕王閣記》，字方四寸，又有小幅者，皆佐所目覩。亦有花竹翎毛者，雖寶貴可愛，然但可裝地遮壁，非士大夫清玩也。佐聞之鄉長老云，吾邑太原坪下人織《晝錦堂記》，蓋前元時也。今泉州府、蘇州府又有織者，大小幅皆有，然不及古遠甚。

火浣布

火浣布，出西域南炎山，用火鼠毛織者，如染汙垢膩，入火燒之則潔白如故。西漢梁冀有之。

嘗見有如錢大者，用銀鑲周圍，留火上燒香，甚難得。

氈海刺

氈海刺，出西番，絨毛織者，闊三尺許，緊厚如氈，西番亦貴。

普羅

普羅，出西蕃及陝西、甘肅，亦用絨毛織者，闊一尺許，與氈海刺相似，却不緊厚，其價亦低。

兜羅錦

兜羅錦，出南番、西番、雲南。莎羅樹子内錦織者，與剪絨相似，闊五六尺，多作被，亦可作衣服。

西洋剪絨單

西洋剪絨單，出西番，絨布織者，其紅緑色，年遠日曬，永不退色，緊而且細，織大小番犬形，方而不長，又謂之同盆單，亦難得。

西洋布

鄉姻鄒鳳律得西洋布，其白如雪，闊七八尺。

異木論

鸂鶒木

鸂鶒木，出西番，其木一半紫褐色，内有蟹爪紋，一半純黑色，如烏木，有距者價高。西番作駱駝鼻中紋子，不染肥膩。嘗見有作刀靶者，不見其大者。

紫檀後增

紫檀木，出交趾、廣西、湖廣，性堅，新者色紅，舊者色紫，有蟹爪紋，新者以水濕浸之，色能染物，作冠子最妙。近以真者揩粉壁上，果紫，餘木不然。黃檀木最香，今人多以作帶。

烏木後增

烏木，出海南、南番、雲南，性堅，老者純黑色且脆，閒道者嫩。今僞者多是緊木，染成作筋。緊音記。

虎斑木

虎斑木，出海南，其紋理似虎斑，故名之曰虎斑木。

骰柏楠後增。附滿面蒲萄。

骰柏楠木，出西蜀馬湖府，紋理縱横不直，中有山水人物等花者，價高。四川亦難得，又謂之骰子柏楠。今俗云鬪柏楠。

近歲户部員外敘州府何史訓送桌面，是滿面蒲萄，尤妙，其紋脈無間處，云是老樹千年根也。

赤水木

赤水木，出原闕。

此木色赤，紋理細，性稍堅且危，極滑浄。

癭木後增

癭木，出遼東、山西樹之癭。有樺樹癭，花細可愛，少有大者。柏樹癭，花大而馬鞍轎子。

粗。癭音影，瘤也。蓋樹之生瘤者也。口北有癭子木，多是楊柳，木有紋而堅硬，好作

花梨木後增

花梨木，出南番、廣東，紫紅色，與降真香相似，亦有香，其花有鬼面者可愛。花粗而色淡者低。廣人多以作茶酒盞。

鐵力木增

鐵力木，出廣東，色紫黑，性堅硬而沉重，東莞人多以作屋。

杉木後增

杉木，出四川、廣西、江西、湖廣、徽州等處，俗呼曰㕙木，又曰椒木。色白，而其紋理黃，稍紅，有香甚清。或云南番腦子生此木，中有花紋，細者如雉鷄斑，甚難。花

紋粗者亦可愛，直理不花者多。

有紫油杉木，第一等，蘇人呼爲紫檄木。

馬湖府枋子，全廂有野雞斑者，最貴。

桬木

桬木出廣西、四川，色黄，紋理稍黑，花紋細者可愛，直理者多，性最柔，可圈，素新者有香，濁甚。

欏木後增

欏木，出湖廣及江西南安萬羊山，木色白，紋理黄，花紋粗，亦可愛，謂之倭欏木。花者多有一等，稍堅，理直而細，謂之草欏，俗呼曰梌木。

金剛子木

金剛子木，出海南、安南，六楞，遍身花紋，深細可愛，堅且實，故名金剛子。作素珠，冬月不冷手，大者如榛子，小者如梧桐子大，亦有如圓眼大者。

椰杯木後增

椰杯，出两廣、安南，類瓢且厚，實黄黑色，肉白可食，鋸開，中有酒，微酸，謂之椰子酒。或漆或銀，鑲作酒杯，小者最貴而難得，大者作酒壺、勸盤、酒注、水杓之類。或云，酒傾入，有毒則爆，故出路人多帶之。椰子木，出廣西梧州府鬱林州。廣西方輿云，樹似檳榔，實大如瓜，堪爲飲器。《文選》曰：「檳榔無枝，椰葉無陰。」

檳榔木見《方輿》。新增。

檳榔出廣西鬱林州，樹如椶櫚，高七八丈，擹葉可爲扇，不引風氣。其實尖者爲貴，與石灰同食，令人齒黑，故有雕題黑齒之俗。實能辟瘴氣，故土人日日早食，客至，傳以相待。

人面木見《方輿》。新增。

人面木，出鬱林州，春花夏實秋熟，兩邊似人面，故以名之。

韃靼樺皮木後增

韃靼樺皮木，出北地，色黃，其斑如米大，微紅色，能收肥膩，甚難得，裹刀靶爲最。今人以樺皮飾弓，名樺皮弓，又以襯靴。

香楠木新增

楠木，出四川、湖廣，色黃而香，故名，好刊牌扁。又有紫黑色者皆貴，白者不佳。

不灰木見異石。新增。

竹論

竹杖晉戴愷之《竹譜》有五十餘種。

方竹，出西蜀，浙江杭州府西湖飛來峯山上亦有之，其竹節上有刺，蜀人謂之刺竹。

湘竹，出廣西□□府，斑細而色淡，有暈，中有一點紫，與蘆葉上斑相似，作簫管最貴。

雪竹，出廣西，斑極大，色紅而有暈。

鈸兒竹、孩兒竹，出西蜀，下有尺許如豬大腸。

椶竹，出西蜀、廣西，葉如椶櫚，其身似竹，堅且實，又名桃竹。已上皆可作仗。

花滕，出廣西，身細而斑黑，堪作柱杖，身粗者俗。

滕杖，出兩廣，至粗大，節密者佳，可爲引道之用，至小者亦佳，可作馬鞭靶。

蘄竹 新增

今湖廣黄州府蘄州有竹，名蘄竹，州即古蘄春縣也。竹簟，其節平，人睡則涼，而不生痕，今謂之蘄簟。蘄笛自唐得名。

新增格古要論卷九

文房論新增。硯見前第七卷。

評筆見《事林廣記》。

廣東番禺諸郡，多以青羊毛爲筆，或用雞鴨毛，或以雉尾，五色可愛，又有豐狐毛、虎僕毛、鼠鬚、羊毛、麝毛、狸毛、羊鬚，胎髮，然皆未若兔毫爲佳。兔毫須取崇山絶仞中之兔，八九月收之，若中秋無月，則兔不孕，不孕，則毫少筆貴。

夫筆須要尖齊勁健，筆之四德，今世筆皆鋒長，少損已秃，不中用矣。

宣州諸葛高、常州許頴，洗鼠散〔一〕散卓長心筆最佳。

國朝有陸繼翁、王古，用筆最得名，皆湖州人，住金陵。永樂初，吉水鄭伯清以豬鬃爲筆，健而可愛，其心則長，予少時甚愛之。

收筆

蘇東坡以黄連煎湯，調輕粉蘸筆頭，候乾收之。

黄山谷以蜀椒、黄檗煎湯，磨松煤染筆，藏之不蛀，尤佳。

洗筆

以器盛熱湯，浸一飯久，輕輕擺洗，次用冷水滌之。

若有油膩，則以皂角湯洗，甚佳。

筆卦有序

筆之行事，昌黎伯《毛穎傳》可考已，予復何言哉。然予嘗讀孔子《易》至十三卦之「制器尚象」，若罔罟、耒耜、弧矢、杵臼、舟楫之利，與夫宫室、衣裳、棺槨、書契之制，皆古聖人取諸卦而作也，何獨於筆而遺之耶。況筆之爲器，上而帝王之典謨訓誥，下而官府之簿書期會，四海之同文殊譯，莫不賴以纂録，其功不下於罡罟、耒耜、弧矢、杵臼、舟楫、宫室、衣裳、棺槨、書契也，何獨於筆而遺之也耶。或曰，筆之名始於秦氏，其不見稱於孔子《易》也固宜。予曰，不然，筆不始於古乎，則包犧氏之八卦，夏後氏之九疇，凡科斗、鳥跡、鐘鼎、籀篆之文，亦將何以施其巧哉。若然，則筆之名雖始於秦氏，其所由來則遠矣，乃不見稱於孔子《易》者，其在夫夬之書契也與。吴興筆者陸生，索予文以衒其技，竊謂包犧氏畫卦之物，即筆之所由兆也，因著是説，并作筆卦以貽之。

䷌筆，元亨利用書，貞吉。象曰，筆，聿也，剛柔合而成，内虚而外健，柔得中而順行，應乎剛而文明。是以元亨利用書，貞吉，書契筆而天下治也，春秋筆而亂臣懼也，筆之時用大矣哉。象曰，天下文明，筆，先王以作書契，代結繩。初九，田于林臯，獲兔拔毛，以其彙征吉。測曰，獲兔拔毛，大有得也。六二，淇園伐竹，用資簡櫝，測曰，淇園之竹，虚而直也，用資簡櫝，言有實也。九三，秉筆濡其墨，王用亨于三畫，大吉，測曰，三畫之吉，其文立也。九四，隕筆不利，入于場屋有悔，測曰，隕筆有悔，其行塞也。九五，利見大人，天下同文，測曰，利見大人，居君側，則天下同文，小人黜也。上九，筆顛剥不資録，其形秃，終凶，測曰，筆顛形秃，任之極也。

至正辛卯冬十一月廿又二日，京兆宇文材述。

筆對 尋陽張羽造

班超歸自西域，止於洛陽，閉門養疾，無所逢迎，有一儒生，鋭首而長身，款扉投謁，自稱故人。門者辭曰，君侯久勞於外，精神消亡，不樂於應接，公卿大夫，雜坐於門，尤不得望見顔色，安問故人。生聞之，黧然變色，毛髪竦竪，排闥而入如脱免，顧謂超曰：「子當壯年，傲功速利，馳志異域，棄我如屣，跨騰風雲，一息萬里，子固絶我矣，而我未嘗與子絶也。凡子之建功名、享爵位，耀於今而垂於後者，我與有勞焉。子不德我，乃待我以不見乎。」超聞之，瞿然而視，且怒且疑，與之坐而問曰：「子欺我哉？逢掖之士，淹寂穹廬，遊詠術藝，呻吟典謨，研朱漬墨，佔畢操觚，目厭百家，腕脱六書。若史遷發憤於紀傳，伏生皓首於遺經，董子下帷而講授，劉向閉閣而研精，相如託風於詞賦，揚雄覃思於法玄，彼皆收功於老死之際，成名於隔世之間。樂爲迂闊，往而不還，故爾得以揚眉吐穎，含毫鋭思。或呈材以效能，或摛藻以綺靡，寫幽思於尺素，垂空言於百世，雖聖知之有餘，諒非爾而莫濟。僕誠不能與吾子并，故逃爾而遠逝於是。要櫑具之劍，擁澧特之旄，左執鞭弭，右屬鞬櫜，謝弘、玄之流，招劇、季之豪。望蒲類而北向，踰流沙而西涉，鳴鏑伊吾之野，飲馬長城之窟，羈名王於轡組，膏酋豪於鈇鉞，横四校於龍堆，出九死於虎穴。但見千車雲屯，萬騎雷合，矢如彗流，戈如電掣，紛紛紜紜，天動地趿，知者爲之愚，勇者爲之怯。爾於是時，固已銷鋒斂跡，顛倒筐篋，聞鉦鼓而魄遁，望羽旆而膽讋，又豈能出一奇，畫一辭，以相及哉？夫名不可以虛得，功不可以幸取，勞之未圖，報於何有。」生乃卓然起立，進而言曰：「吾聞大功無形，大利難名，仁人垂德於不報，志士弛勞而不爭，凡我之功，遠者大者，人所共知，不待覼縷。近在子身，何獨未喻。子遊京師，困於逆旅，與我庸書，求直官府，握手終日，未嘗厭汝。工爾字畫，順爾指使，成爾文章，通爾志意，仰事俯畜，皆我是賴。及爲令史，掌書蘭臺，辰入酉出，必與爾偕，言無爾違，行無爾乖。夫何一旦絶已固之交，結亘信之友，壞可成之功，造難就之計，捨聖賢之業，操不祥之器，乘機蹈危，以儌一時之富貴。然我猶圖封管之勳，忍投地之恥，將全爾交，未即背棄。若乃戎車競野，仗鉞誓師，文告之修，我記爾辭，伍符尺籍，有所徵發，我傳爾信，應期而合，或移書而飛文，或安屯而數實，或計功於幕府，或通訊於鄰國，凡此多端，匪我弗克。爾在姑墨，上書乞兵，我寫爾心，卒獲所請。爾厭西土，情懷首丘，泣血騰章，實我所謨。女弟陳辭，悲難激切，感動天子，實我所畫。既而還旅窮荒，縣車帝里，微我之惠，何以及此？雖然，此特其小小者耳。若夫鋪張鴻休，潤色弘烈，書之旂常，列之簡册，使爾得以流英聲，騰茂實，光明顯融，千載而不滅者，其功豈易易哉？今子徒欲誇淺近之效，忘本原之義，是何異於始皇之疏穎，而平原之失遂也。」超乃盱睢失容，意若有避。生曰：「未也。願安爾聽，少窮我臆。昔爾先君，間關抵蜀，我在童髦，資其簡牘。逮邇兄固，父書是續，念我前功，復見齒録。我乃竭其管見，投以寸心，道叶膠漆，利同斷金，相其成書，蔚爲詞林。向使固不恒其德，背好忘故，改行易業，效尤於汝，則孰爲之綴辭秉翰，以成其制度哉？且夫萬里封侯，立功異域，榮則榮矣，孰與夫論道屬書，爲世儒宗，以闡父之績？薄伐西戎，恢我士疆，忠則忠矣，孰與夫斷代作史，勒成一家，以佐漢之光？向使戎狄之人，惑神巫之言，悼斬使之恥，獸心坌躍，狙詐猋起，吾將見爾膏身縣度之墟，暴骨焉耆之野，生爲囚俘，死爲夷鬼，又安敢望青紫乎？故子常鄙我而不用，我亦笑子身勤而事左，勞大而功細也。」超聞斯言，俛首流汗，揖客門外，自悔不學，卒以慙死。

至正丙午夏六月十有七日，吴興陸文寶持所製筆，過余求文，且乞一言以張其藝，因書舊作《筆對》一通貽之。時炎氣蹔息，紙墨清潤，而陸君筆又佳，惜余不善書，不能顯其美也。羽識。

評墨

唐末墨工李超，與其子廷珪，自易水渡江，居歙州，本姓奚，南唐李主賜姓李氏，故世有奚廷珪墨，又有李廷珪墨。今之言墨者，亦以李廷珪爲第一，易水張遇爲第二。李廷珪墨有二品，龍紋雙脊爲上，一脊次之。張遇墨亦有二品，易水貢墨爲上，供堂次之。近時兗州陳朗亦精於墨，可以次之。又有王君得墨，柴珣、朱君得小墨，皆唐末五代知名者。

各處墨

元朝江西臨江府清江縣有潘雲谷墨。

國朝直隸鳳陽府舊城大東門有查文通墨。

江西吉安府泰和縣有龍忠迪墨，上有「僞造天誅」四字。

常州府宜興縣有原闕。

徽州府休寧縣有原闕。

評紙附蔡侯紙

古無紙，以竹簡書之，所謂汗青是也，蓋以火炙簡，令汗出，取其青易書。漢和帝時，來陽蔡倫始造紙，封龍亭侯。今來陽縣北有漢黄門蔡倫宅，宅西有石臼，是倫造紙臼也。

蜀牋

《南部新書》云，唐元和之初，蜀妓薛濤製小牋，有十色，號薛濤牋，此妓以紙爲業。

歙紙

唐新安郡，宋歙州也，今直隸徽州府歙縣是也，其紙有麥光、白滑、冰翼、凝霜之目。今績溪縣界有地名龍鬚者，紙出其間。

澄心堂紙

宋朝諸名公寫字及李伯時畫，多用澄心堂紙。

歐陽公謂南唐澄心堂紙極佳，但不知所出。

西山觀音紙

國朝永樂中，江西西山置官局抄紙，最厚大而好者曰觀音紙。連七紙尤妙。

廣信紙

江西廣信府鉛山縣奏本紙最妙。

常山紙

浙江衢州府常山縣有榜紙、中夾紙。奏本紙次於鉛山。

英山紙

直隸廬州府六安州英山縣出榜紙，好作紙帳。

撫州紙

江西撫州府臨川縣有小牋紙。

紹興紙

浙江紹興府上虞縣有大牋紙，一種至厚，一種稍薄。

印色

用真麻油半兩許，入萆麻子十數粒搥碎，取白仁同煎，至黄色，去萆麻子，將油拌熟艾，令乾濕得所，然後入銀硃，隨意多少，以色紅爲度，更不須用帽紗、生絹之類襯隔，自然不沾塞印文，而又不生白醭，雖十年不熾。一法用蜜調硃，最善，紙素雖久，色愈鮮明，今内府用寶以蜜。

佐嘗以前法用之，久而滯，易之以氈，鬆而不佳。又易之以紗，頗妙，久而堅不可用。然不若調硃以手黏上圖書者，絶妙絶妙。凍月宜温之可也，否則必糊塗矣。又見楊東里先生用煎鐵子清油，勝於萆麻油。或自以麪爲大丸煎湯亦佳。然凍月用之，又在己之活法也。

法糊

用瓦盆盛水，以麪一斤糝水上，任其浮沉。夏五日，冬十日，以臭爲度。瀝漫麪，清水蘸白芨半两、白礬三分，去滓，和元浸麪打成濃糊，入桐油、黄蠟、蕓香等各三錢重，就鍋内打作一團。别换水煮令熟，去水傾置器内，候冷，日换水浸。臨用，以湯調開。

書燈

讀書須用麻油點燈，蓋麻油無煙，不損眼目，但恨其易燥。每香油一斤，入桐油二两和之，則難乾，又辟鼠耗。若蔓菁、罌粟油、紅花油，每一斤入桐油三两，以鹽少許置燈盞中，亦可省油。以生薑擦盞邊，可不生滓暈。以蘇木煎燈心，曬乾炷油，可無燼。

書窗

讀書須用明窗浄几，以油紙糊窗隔則明。《造油紙訣》云：「五桐六麻不用煎，二十草麻去殼研。光粉黄丹各半匕，桃枝攪用似神仙。」又：「桐三麻四不須煎，十五草麻去殼研。定粉一分和合了，太陽一見使光鮮。」

收書

收藏書籍之法，當於未梅雨之前，曬取極燥，頓放書櫃中，以紙糊外門及周隅小縫，令不通風，即不蒸濕。古人藏書，多用芸香辟蠹，今之七里香是也。麝香收書櫃中亦辟蠹。一法用樟腦亦佳。

收畫

亦於未梅雨前曬眼令燥，緊捲入匣中，厚以紙糊匣縫，務令周密，過梅月方開，則無蒸濕之氣。蓋蒸濕自外而入故也。匣須用楸木、梓木或杉柴之類爲之，漆外以黑光裏面，以用漆也。

點書調硃法

銀硃不拘多少，入少許膸黄，用水研勻，以點抹揩擦不落爲度，多用膸則反黄矣，却勝於用膠并皂子膠調者遠矣，雖久亦不臭敗。一法用白芨水研硃亦佳，肥皂子浸水次之。銀硃用四川心紅，杭州散研，金陵片硃最妙。四川井口砂雖紅生砂，不佳。江西樟樹鎮硃，多雜以紅土，不好。

造雌黄墨法

用雌黄研细，以水飛過，澄清去水，用秦皮、梔子、皂角各一分，巴豆一粒去皮，廣東黄明牛膠半两，同煎汁，和雌黄，作餅子陰乾。

雌黄有二等，調漆者妙。

造硃墨法

藥汁如造雌黄墨法，此却用好銀硃。今蘇州府崑山縣。

藏墨法

用熟艾和墨收，遇梅月，藏用過石灰中，不蒸。佐常用爐灰收，最妙。凡墨厚者可以久藏，其薄者不耐風寒，故隨研隨破，雖久藏不動，亦不耐也。

校勘記

〔一〕「散」，諸本俱同。疑當作「鬚」。

新增格古要論卷十

古今誥敕題跋

跋馮君家藏唐誥宋朱熹

黄巢之亂，唐僖宗出居成都，以王鐸、鄭畋爲宰相，協力討賊，鐸以都統檄召諸道之兵，入西畿，屯盩厔，而賊勢遂衰，卒逐巢復長安。今觀馮君告身，以中和二年十一月下，則正此時事也。其曰右都者，即西畿，其曰吏部行在之印者，即成都行省。其曰太尉兼中書令而使者，以舊史考之，即王鐸，而新史鐸傳乃作檢校司徒，誤矣。其曰司空兼門下侍郎同平章事者，則爲鄭公不疑，而其官稱，二史、《通鑑》亦不異也。但《通鑑》載諸道師屯所處甚悉而不及福建，豈以道遠後至而不得列序耶？抑且以將卑師少而略之也？夫以閩之窮僻阻遠，而當此之時，乃能命將遣兵，奔越國難，馮君又能爲之領率卒徒，崎嶇萬里，以投命於君親，其功雖不大顯，然其爲忠則有餘矣。其十一世孫允中，出以示予，且言君之後散居劍、邵之間，爲三大族，子孫甚衆，衣冠不絶，予以爲此豈忠勞之報耶？允中將刻石以示三族之人，俾之無忘其初，因爲記其本末云。淳熙丁未十一月甲子，新安朱熹書。

書唐誥後 元金華黄晋卿

右唐誥，逸其首尾姓名，以石刻完本考之，則顔公真卿也。始比公山濤、叔孫通者，公嘗爲吏部尚書，大曆十四年，代宗崩，而公爲禮儀使也。其後公以直不見容於楊炎，换太子少師。猶領禮儀使者，德宗嗣位之明年，改元建中，其年八月，遥尊母沈氏爲皇太后時也。故事，置使必因事，乃置事已，輒罷。公之爲使，不以一事者，若韋縚之在開元，以禮儀使而掌五禮也，凡制敕册命，皆出於中書。是時郭子儀官中書令，而不預省事，楊炎同中書門下平章事，而官門下侍郎，唯舍人于邵獨在中書，起草署行者，邵也。新史邵本傳稱邵以諫議大夫知制誥，進禮部侍郎，而不言其爲中書舍人者，意必以舍人秩卑於諫議而略之也。其用吏部尚書告身印者，尚書實而行之，官尚書省者之氏名，石刻猶可見也。就其可知者疏之如此，其殘脱而不可知，不敢以臆説參焉，亦闕疑之義也。

題宋高宗賜羅尚書手詔元金華宋濂

右手詔八十四字，蓋思陵所賜新安公汝楫者也。按宋制，凡羣臣上章有所陳乞，允則就章後批之，謂之批答，不允則别降手詔，謂之御筆，其字乃内夫人代書，璽則用書詔之寶。或上自御翰墨以賜之者，謂之親筆，璽則用御書之寶，或用帝筆印記及花書，此詔蓋所謂御筆者也。汝楫自右諫議大夫遷御史中丞，舊例御史中丞、侍御史不并置，乃更侍御史，汝楫乞補外，不允。及遷吏部尚書兼侍讀，又陳乞如前，不允。久之始除龍圖閣學士，出知嚴州，秩滿請祠，遂提舉太平興國宮以卒。詔云：「擢冠常伯，進讀經幃。」其殆紹興末年爲尚書兼侍讀之時邪？汝楫十世孫宣明，能藏此詔於二百餘年之後，近雖更兵火亂離，他物喪去殆盡，而片楮獨存，宣明亦可謂賢矣。羅氏之子孫，尚當寶之如商伯乙鼎，周淮父卣，以繼宣明之志哉。唐《百官志》：「龍朔二年，改尚書太常伯。」故詔云然也。

跋高宗賜劉大中御札 宋濂

光堯宸翰，初傚黄庭堅，時劉豫亦使人習庭堅書，近臣鄒億年恐緩急或致亂真，奏止之，遂改學米芾體。至紹興初，又改法二王，往往皆能逼真。今觀與劉大中御札，尚類庭堅書，考其歲月，其當在建炎之初邪？大中參知政事時，與趙忠簡公鼎不主和議，賊檜遂使蕭振劾之，則大中者，其亦君子也夫。

題孝宗付史丞相内批 宋濂

阜陵鋭意於恢復中原，張魏公浚贊之頗力，而史衛公浩多從中沮之。上向浚方篤，隆興元年正月，浩拜右僕射同平章事，浚即有樞密使都督江淮軍馬之命。今内批所謂肅清舊壤者，蓋指恢復也。又云卿勉與樞使議之，樞使正指浚也。當是時，二府議不合，故上戒飭之也。逮五月親征之詔下，浩以不預出師之謀，遂力丐辭，罷知紹興府，奉祀而歸。此批之頒，當在未罷相前數日間爾。予道出歙上，朱徵君持此卷至驛舍，迫之使題，故走筆識之如右，張、史之得失，出師之成敗未暇悉也。凡有旨從內出者曰內批，又謂之御筆，皆內夫人代書，而所謂御寶批者，或上批，或內夫人批，皆識之以御寶。唯親筆則上親書押字，而不用寶。此批不用寶而有押字，正所謂親筆者也。聊并及之，以見當時故事云。

題楊將仕廕補敕牒後 宋濂

將仕郎，崇寧所定七階選人之一，係宋初判司簿尉也，須三任六考，用奏薦及功賞，乃可升改。而以之任考者，則自朝請大夫帶職奉朝郎之上，皆可得之。故烏傷楊公埴官淮西安撫司，主管機宜文字，時會明堂大禮，遂以朝奉大夫奏補其子錡將仕郎，蓋咸淳五年九月十又八日。至九年二月，其敕始下，惜乎國事日非，而將仕君不能歷仕以至於改官也。今觀其諸孫芾所藏尚書吏部所給敕牒，猶可想見一代之制，而其階級之嚴，甄别之精，皆堪爲後世法，不但孝子慈孫之宜寶祕而已。敕後有員外郎李姓、侍郎劉姓署，考其時言之，李當是李澤，以文字著於時，劉當是劉良貴，政尚嚴猛，嘗承賈魏公風旨，鞠京學生葉李而刺配之者。謾及之，以俟該洽之士正焉。

跋顔魯公書殷氏誥宋濂

右魯郡顔允南官國子司業時，贈其母殷氏蘭陵郡太夫人誥一卷，乃允南之第四弟司徒魯公真卿所書，蓋公自蓬州召還遷尚書右丞之日也。唐人最重誥命，往往令工書者爲之。開元二十三年，加皇子榮王已下官，詔宰相張九齡、裴曜卿、李林甫、朝士蕭嵩等十三人就集賢院，人書一通，以進三相，各賜絹三百匹，餘官二百匹，其愛重之意可見。公尤號能書者，故所受刑部尚書、馮翊太守、太子太師及父惟貞贈誥，皆公自書。世猶或傳之，不特此卷而已也。然寶應元年四月丁卯，唐肅宗崩，己巳，代宗即位，明年七月壬子，改元廣德，使此誥下於七月壬子之前，則可稱寶應二年，今乃在十一月之一日，是屬於廣德之元年矣，不知何以復云二年？况寶應元年十月二十六日奏上，不應經一歲之久，至是而始降下也。又以裴遵慶、苗晋卿歷官證之，歲月亦微有不同。豈或二年之二，乃元字之訛乎？且書誥之式，自天寶以來，官則書名，令史則兼書姓。元載時秉鈞軸，而書其姓，亦似吏筆之誤。此姑置之。竊意誥命乃當時所給，決不應有差第，恐後來作史者之失真耳。然改元重事，史家亦不應不謹也，詳疏於此，以俟博古之士問焉。允南字去惑，其卒以寶應元年十一月十日，是誥之下，當不及見之矣。卷首字多磨滅，其存「議」字、「上」字，當是「正議大夫上柱國」，其存「鄉」、「縣」等字，「鄉」字上當闕「封金」二字，蓋允南自司封郎中封金鄉縣男也。復并及之。至若字畫之美，精神飛動，當爲公平生所書第一，不待贊也。

劉參軍黄牒跋尾 宋濂

西昌劉氏，素號簪纓家，由宋治平元年至咸淳十年，擢第奉常者八人，與鄉闈之貢者又二十九人。其諱在中字伯正者，凡四被薦送，方登建炎二年進士第，授文林郎，永州録事參軍，此蓋春九月所受黄敕也。宋舊制，誥與敕多兼給，思陵以建炎元年五月一日即位於應天府，戎馬紛紜，庶事草創，其月十七日，始詔文武官自大中大夫正任觀察使以上，并命辭給誥，餘則令吏部具鈔降敕。則當時給敕者頗衆，不特初入官令禄而已。後因臣僚奏請，洊詔已給敕官，俟法物成時，逐等依舊給誥，則三年三月九日也。牒後所書中大夫守右丞朱，中大夫守左丞顔，而不著其名，朱名勝非，謚忠靖，顔則名岐。蓋元年十一月思陵駐蹕維揚，越十日，擢岐與許景衡爲尚書左右丞。二年五月十三日，景衡罷而勝非代其位，以月日較之，必知其爲二人矣。又書正議大夫守右僕射，而不著其名氏，當是黄潛善無疑，或謂爲李綱，殆非也。綱自元年七月五日，自右僕射陞左僕射，潛善從門下侍郎爲右僕射，是月綱即出提舉洞霄宫。二年十二月十九日，潛善始拜左相，此牒給於是歲之九月，其以右僕射繫銜，非潛善而何。職事銜之上三人者，并加守字，凡階高而官卑者稱行，階卑而官高〔二〕者稱守，官階同則無之，此猶循唐制也。嗚呼，潛善主和誤國，真奸臣之雄，不足汙君子齒頰。岐亦小人，力黨張邦昌，詆綱爲金人所惡，不可使秉鈞軸，章至五上而不愧。惟勝非差强人意，律以春秋責備之義，亦有不得免焉。區區貴富能幾何，乃無所忌憚，至於如此，墓骨已朽，覽其官氏，人猶指議之，有憤惋不平之氣，果何爲者哉。參軍八世從孫職方郎中崧，出此於破壞之餘，潢飾以成卷軸，然自宋迄今，已歷二百四十又五年矣。宋之取士，用辰、戌、丑、未年，建炎二年，屬戊申，其秋，親試進士，賜李易以下四百五十人及第出身有差，蓋元年丁未，翠華出幸江南，故無暇及之爾。因并書之，以解讀者之疑云。

跋包孝肅公誥辭後 宋濂

右包孝肅公誥辭一通，其十五世孫宗禮所藏，宗禮以古錦裝潢成卷，請濂爲之題識，濂不改讓，因疏其事而歸之。其云龍圖閣直學士朝散大夫行尚書兵部員外郎知池州者，宋制於庶官之外，别加職名，以厲行義文學之士，出於一時恩旨，非有必得之理。所謂龍圖閣，則大中祥符中建，在會慶殿西，以奉熙陵御書。直學士則祥符四年置班，在樞密直學士下，至祥符六年，始詔結銜於本官之上。尚書兵部員外郎，即係階序，初不掌其部務，乃元豐所改之朝請郎。若知池州，則其職事也。其階自兵部員外郎轉刑兵郎中者，六部分二十四司，其兵、刑、工三部，非歷館職、任轉運副使以上者不遷，公嘗爲京東河北轉運，故有此擢。然兵部員外郎在前行，刑部郎中在中行，由前行員外郎而陟中行郎中，此超遷之法也。其云中書令中書侍郎刑部員外郎知制誥臣宣奉行者，凡中書所出命令，皆承制畫旨，以授門下省令宣之，侍郎奉之，舍人行之，留其所得旨爲底。而謂刑部員外郎知制誥者，當時三省無定員，故以他官掌之也。其云翰林學士兼侍讀學士中書舍人判偉者，中書舍人凡六員，亦爲所遷官，實不任職，復置知制誥及直舍人，院主行辭命，與學士對掌内外制，舍人有闕，故以學士兼之。偉當是楊偉，時與歐陽修、胡宿、趙概、楊察并爲學士也。其云左右僕射而不名者，宋初命相必曰同中書門下平章事，乃爲真拜，而左右僕射，皆爲宦官，相銜帶之，亦以寓禄秩序位品而已。時文彦博以吏部尚書同平章事，富弼以尚書户部侍郎同中書門下平章事，其銜當帶之，雖不名，必知其爲二公也。其云禮部員外郎知制誥權同判絳，兵部員外郎知制誥權同判奎，尚書司封員外郎充崇文院檢討判公著者，絳乃韓絳，奎乃吴奎，二人者嘗以言事被黜，奎知壽州，絳知河陽府，召還尚書未久。公著乃吕公著，方居下僚，後三十年始與文彦博共秉鈞軸。而謂判與權同判，則真領其職事者也。其云主事、令史、書令史者，三省皆有之，呼爲省吏，唯尚書最多，至於六十有四，都事三，主事六，令史十有四，書令史三十有五，守當官六，各分房分日而祗事也。其云都事高允迪受付吏部者，蓋門下吏上受之中書，下付之尚書，必歷三省而後備，所以誥命聯著三省位銜也。其云至和三年八月日下者，至和止二年，而三年爲嘉祐元年，今云然者，三年九月庚寅，命宰臣攝事於太廟，辛卯，恭謝天地於大慶殿，大赦改元，制下乃八月之初，所以尚稱三年也。惟公居家孝友，立朝剛正，清風峻節，百世師法，有不待區區末學之所襃贊，姑以舊聞疏之如右，文質直而無潤飾，庶使世之讀者咸悉其意焉。公平生遷官凡二十有七，此乃二十一次，所授制中，謂白雲之司，蓋黄帝時以秋官爲白雲，公遷刑曹，故行辭者援其故事云。

題顧拙軒誥命後 宋濂

右拙軒先生顧公誥命一通。公諱周卿，字成子，仙居人，嘉定癸未賜進士及第，任慶元府奉化縣主簿，階修職郎。故事，修職郎滿三考，關陞令録，先以合入階官給誥，公遂入從政郎。久之，始注授監嘉興府鮑郎鹽場差遣。然舊制無從政郎，崇寧初，以通仕郎易録事參軍縣令，至政和中復改以今名，乃選人七階之一也。此誥之首，當有十幹暨千文紀號，若曰暇天等字第幾之類。其尾復欠紹定五年七月十三日下十字，其背紙又當書行在官誥院準鈔出給，及寫誥楷書當行守分令史主事等名氏，而守當官、批上等官誥命照會，亦繼其後。歷年之多，皆未免殘闕爾。吏部主事碩，公之六世從孫，琢玉爲軸，重加裝褫，持以相示，故爲詳書之，以備當時典故云。於戲，世家舊室，何處無之，未一再傳，不知祖諱者有之矣，如碩者，豈非賢哉，豈非賢哉。

題王魯公受少保致仕誥宋濂

右宋王魯公特受少保致仕誥一通，係紹熙元年五月二十二日所降者。蓋孝宗淳熙八年辛丑八月，魯公由樞密使拜相，十五年戊申五月，以觀文殿大學士出判衢州，尋即奉祠。十六年己酉二月，光宗受禪，八月，魯公以母喪致疾而薨。是年仍稱淳熙十六年，至十一月始詔改明年爲紹熙元年，是爲庚戌之歲。誥之出給，合於魯公未薨之前，乃在既薨十閱月後，何耶？宋自宣和以前，未有既死而乞致仕者，南渡之後，禮文凋喪，雖宰相輔臣，考終於位，其家已發哀即服，降旨給賻，方上謝事之章。而朝廷復爲之誥廷出命，如其未死時，此最有乖政理。其後吏部郎嘗以爲言，終不能行而止。此誥未免循習當時故事，而未之或改者也。不然，誥中所謂尚克全於德履，及益高沖致、永介壽祺之語，皆生前事，何故追而書之？其爲後來補授制敕，當無疑也。惟魯公忠君孝親，大節偉然，故其相孝宗獨至八年之久，同時秉鈞軸者，唯梁文靖公前後七年，可以配之，餘人皆所不及。謂非得君之深者乎？蓋必有其道矣。魯公五世孫約，雅飭君子也，持卷索題甚切，會病痁新起，精神昏昧，謾挂漏而書之。洪武十三年八月己未朔，後學宋濂謹識。

題唐太宗哀册文後宋濂

天台詹君國器，嗜古如嗜利，近於汴梁市中購得褚登善所撰太宗哀册文一卷，舊嘗藏相臺岳珂倦翁家，後有北燕喬簣成所題，定爲唐人書。詹君既自識其左，復請濂一言之。濂聞唐故事，哀册，國之大典也，非職載筆至司鈞衡者不敢爲之。登善自貞觀二十二年九月己亥爲中書令，二十三年三月丁卯，太宗不豫，四月己亥，幸翠微宫，五月己巳，崩於含風殿，庚午，奉大行御馬輿還京師。當是時，登善秉政中書，緝熙帝載者已九月，哀册必屬之，蓋無疑也。此卷當爲命稿之第二，故於二十三年下闕歲次己酉五月甲辰八字，嗣皇帝下不書治字，家傳縉雲下無高祖配天、一人有慶八字，遡悲風於長，下缺術字。然特其缺文爾。徵之《大詔令》，《蘿圖琬琰集》、《文粹》、《文苑》諸書，其更改又各有同異，殆不能悉數也。濂竊按正史、雜史，咸謂太宗以八月庚寅日葬，與《大詔令》等書并同。庚寅則八月之十八日也，今獨云庚子，則是月之二十八日，不知何以有一旬之差？將史誤耶，或稿本之筆訛也？嗣皇帝之名不書，懼瀆也，其理固當。太宗之崩，既書二十六日己巳矣，年月甲子，初何足隱諱而懸空之耶？尤有不可得而曉者。相去七百餘載，其事不可臆度，未可以遽言也。論字畫，當爲登善所書。登善初師虞世南，晚入右軍之室，故唐之能正書者，僅二十八人，而登善居三四之間。此卷温潤似虞，其結體則多法右軍，世之人徒見登善所書，或與薛稷類者，遂疑之。殊不知先哲有兼人之才，而其作字，初不拘一體，張顛善草書，至其小楷，極端謹有法，傳其學者，唯顔真卿得之爾，觀登善者宜以是求之。簣成雖號能鑒古，其言似不足徵也，國器尚永寶之。

跋宋太宗御書 王褘

宋制，天子御札付外，謂之内批，又謂之御筆，其辭多辭臣所擬進，而皆内夫人所代書。所謂御寶批者，則或上批，或内夫人批，皆用御寶也。所謂親筆者，則上所親書，或加押字，不用寶也。今觀熙陵賜丞相張文定公齊賢母子二札，前一札辭意字畫甚古質，且不用御寶，蓋親筆也。後一札辭既温暢，字亦秀潤，復識御寶其後，蓋御寶批也。習典故之學者，必有考於斯。

跋宋高宗賜岳飛手札 王褘

右宋高宗手札，賜岳鄂武穆王飛，召其以兵援廬州。按新史本傳，紹興四年，飛既平襄、漢，趙鼎以謂鄂最爲上流要害，乞令飛屯兵其地，使江西藉其聲勢，湖廣、江浙亦獲安妥，飛乃以清遠軍節度使移屯於鄂。會金人兀术與劉豫合兵圍廬州，手札命飛提兵解圍。比至，金人以甲騎逼城，飛戰，敗之。六年九月，豫復遣子麟猊分兵寇淮西，劉光世欲舍廬州，張浚欲棄盱眙。時飛以武勝定國節度使開閫襄陽，兼宣撫河東，節制河北，有旨召飛以兵東下當其鋒。浚言飛一動，則襄漢無所制，乃還軍。十一年，金人復分道度淮，迫廬州，時飛以少保河南北諸路招討使駐兵中原，請解兵柄，自廬入覲。詔即趣飛援之，凡十七札。飛策金人舉國南來，巢穴必虚，若長驅汴、洛以擣之，彼必奔命，可坐而斃。兵比至廬境，金人望風遁去。此札當是此三年中所遣，以不署年月，故莫得而詳。然札中有張俊、劉錡合力措置之語。考之舊史本紀，四年，乃張俊視師江上，而屯兵拒戰者，韓世忠、劉光世也。六年，乃劉光世駐廬州，而張俊督師采石也。惟十一年，劉錡屯濡須，合張俊河中之軍以却敵，與札中語合，則其爲此年所遣不疑。初武穆爲秦檜所誣，且置之死，檜令搜其家，得御札數篋，束之左藏南庫，淳熙中事既昭雪，其子霖以爲請，孝宗還之，此札固在其數中者也。嗚呼，君臣之際難矣，方天下多故，高宗之於武穆，倚藉之如此，使其不死，中原豈有淪没，王室豈至於偏安乎？惟高宗無復有志於中原，故奸檜之計行而武穆死矣。然則武穆之死，天實爲之，吾於其君何尤焉。

跋陳彦弼誥蘇平仲

興國軍推官前知饒州安仁縣事陳公彦弼，擬淮南節度推官知亳州録事參軍，以元祐三年五月二十六日署行，至六月三日其敕始下。時宣仁聖烈太皇太后同處分軍國事，凡厥登用，皆天下之賢才，敕後署名，彬彬可徵也。守中書侍郎吕大防守尚書左僕射兼門下侍郎，同知樞密院事范純仁守尚書右僕射兼中書侍郎，尚書右丞王存守尚書左丞，御史中丞胡宗愈守尚書右丞，觀文殿學士孫固守門下侍郎，給事中兼侍講傅堯俞守吏部侍郎，皆在四月四日前。此甫五十有二日耳，而吕公著以尚書左僕射拜司空同平章軍國事，劉摯以尚書左丞拜中書侍郎，孫覺以右司諫拜御史中丞，蓋同日。我先文忠公時爲學士，在翰林，是夕召入，見於内東門小殿，簾中出除目行辭，既奉旨，太皇太后問公所以擢用之故，語公以神宗奬待之意甚悉，公哭失聲，太皇太后及上、左右皆泣下。已而命坐賜茶，復勉公盡心事上，以報先帝知遇，公拜而出，遂撤金蓮燭送歸。院郎行司空左右僕射辭，世傳一揮三制是也，餘辭則劉敬、曾肇等行，吕司空以下，皆再三表辭，不允。賜詔各一，口宣各二，斷來章批答各三，皆公行，於是諸公乃就職。獨傅侍郎以舊疾未平，未上，後復申辭免之情，仍有詔不允，亦公行，則五月二十三日也。今其名下前小書未到而後不書，豈非被詔之後，五六月之交，遂就職歟。元年春，司馬光拜左僕射，自以歷事未久，乞用文彦博爲侍中行左僕射，而守右僕射佐之，用其言，依舊以師相起彦博，不煩以事，而侍中虛至今，故書闕也。頌者姓蘇氏，延慶者姓蔡氏。萊公以龍圖閣直學士兼工部侍郎，在二年之夏，蘇公由刑部尚書進吏部尚書，在二年之冬，顧臨遷給事中，與我先文定公遷户部侍郎，實并命，二年十一月二十六日也。宇文員外節，紹節之叔祖，嘗言州縣不依數，今放免積欠者。黄左司即庭堅之叔父，嘗體勘蜀茶者。周考功、蘇都事皆名士云。觀此蓋可想見一時人物之盛，森列二聖之左右前後，雅所謂濟濟多士，殆不是過矣。哲宗臨御十有五年，而莫盛於元祐之際，不歸之君子在内之功，抑豈可哉？然則此卷豈但足以繫孝子慈孫無窮之思而已乎。

跋宗忠簡公誥蘇平仲

右故宋宗忠簡公復官誥。謹按，公元祐六年，年三十六，進士及第，調館陶尉，歷龍游、膠水、趙城令。政和二年，改官知掖縣，差通判登州道，高延昭恃勢犯法，公窮治之，不少假。延昭至京師，因林靈素訴公改建神霄宫不當，公既乞祠而歸，猶坐削奪，羈置鎮江，實宣和元年。以四年郊恩敘復，就差監鎮江酒官，此則當時所被誥也。六年，除通判巴州事，靖康二年，御史中丞趙過庭等薦公可臺職，召赴闕，假宗正少卿，充和議使。公奏名不正，改計議使，議者以公剛方難合，必不屈，徒死無益，乃不遣行。會選易河朔帥守，擢公真[二]祕閣，知磁州，加河北義兵都總管，就遷祕閣修撰。高宗以親王奉使過磁，公力止之，朝廷即授以天下兵馬大元帥，公爲副元帥。暨高宗即位南京，命公以龍圖閣直學士知襄陽府，俄徙知青州，又用尚書左僕射李綱薦，徙知開封府，遂以延康殿學士爲京城留守兼開封府尹，陞資政殿學士。建炎二年秋，薨於汴。有旨，除公門下侍郎御營副使，依舊留守，而遽以訃聞。詔贈觀文殿學士，謚忠簡公。先是，公上休致之請，特授朝散大夫，後恤典行，累進其階，由通議大夫至開府儀同三紀。《詩》不云乎：「無競維人。」若公者，非所謂命世之大材歟。方公盛年，置之散地，且踰三紀，以忤一道士得幸用事者，坐廢四年。及河北事勢危急，始舉磁以授之，公年已六十八矣。其授任居守也，二帝北狩，高宗南巡，於斯之時，岌岌乎真如以一縷之線，引千鈞之石，臨萬仞之淵，尚公雖老而奮然，自必身任恢復之事。夫何規模甫定，功業垂成，而時宰忌之，遇事輒從中沮之，公不勝憂憤，疽發於背，而死及之。兹非有志之士，所爲太息流涕者耶？公既薨，而宋境失中原矣，豈人之無禄，而天不憗遺也，將未欲混一而遽奪之也。於戲，喪亂之來，必生彌亂之材以擬其後，公材略不世出，天固生之，徽宗固不用之，高宗雖用之，又不免於小人間之，是則公之吞志以歿，宋之偏安於一隅者，豈天運哉，抑亦有人事焉？覽是誥者，未可直以爲足見一代故事也。此誥行於宣和四年壬寅，後三百八十二年，爲今洪武年癸丑，公七世孫經重加裝池，且請其表兄蘇伯衡識公削奪之由并官代之概，以便觀者，而伯衡輒以所素慨者繫之。實是歲之十月二十日也。

跋歐陽文忠公官誥後 胡廣

右歐陽文忠公慶曆三年知諫院官誥一通，太學生歐陽齊藏之甚謹，求當時名公識其後。謂廣生公之鄉，亦欲求一言，廣辭謝久之，以爲公之學問文章，存乎著述，垂於天下後世，家傳而人誦之，公之政事名節，載諸史傳，是皆與天地相爲悠久，顧廣何人，而敢輕言也哉，蓋亦無庸於言也。所可感者，世遷代移，自慶曆三年至今，凡六周甲子，三百六十有五年，而翰墨猶新，不失爲歐陽氏家物，豈公之靈在天，有以相之者歟。按公爲諫官時，與余靖、王素、蔡襄同列，皆天下之望，而韓、范諸公，復見召用，識者以爲太平可朞月待，而小人方且目爲朋黨。公當言路，首著爲論，極君子小人之辨，剴切當人心，而人始仇視之矣。昭陵獨獎其敢言，面賜五品服，謂侍臣曰：「如歐陽修者，何處得來。」於乎，在當時人君重之如此，天下後世受公之遺澤，仰公之餘光者，宜何如哉。獨文安公有云，歐陽公爲廬陵忠義開先，又曰，歐陽公，廬陵之元氣也，斯言至矣。用僭書此於卷後，使歐陽氏之子孫，益知重此，而無忝於公可也。

書宋黃袞官誥後胡廣

右宋永嘉黃公袞官誥三通，其一敕進士出身，授左迪功郎，任饒州司法參軍，三考以舉主例轉階左從事郎。其二由左從事郎歷任滿，七考以舉主奏改左宣教郎，充光州州學教授。其三磨勘轉左奉議郎，權通判均州軍州，主管學事，兼管內勸農營田事。前誥紹興八年五月八日，趙鼎、秦檜、曾開并列職名，後二誥失去年月，則是檜加太師時，在十二年九月，獨列其官銜，無趙、曾名，已爲檜所竄逐。自時厥後，檜獨用事，正國步艱難之秋，君子垂首喪氣之日，齷齪之徒，一言契合，即位顯要，士大夫一言異己，即見斥逐。如黃公袞在當時，舉之者非一人，其才猷不見超用，終始一郎官而已，知非附檜者，使其如鄭仲熊輩，則名位可立致，其不位通顯宜哉。雖抑厭於一時，而發之於悠久，視彼欻然而焱，忽然而熄者，相去遼絶。今公之八世孫右春坊大學士兼翰林侍讀宗豫，以是誥示余，其家君思恭先生題識其後甚悉。既嘗失之，復歸於黃氏，若有物以相之者，誠有可感也，非八世澤之遠，則幾何而不淪於煨燼乎？然則其可不知所重哉？昔王大令以青氈爲舊物，尤重愛惜，矧此誥乎。黃氏之子孫，宜世寶之，可以驗其先德也。

跋唐誥楊士奇

右唐弘文生鄧自勉授行德州平原縣尉告身一通，開元二十四年所給。唐選法，試而詮，詮而注，注而唱，集衆告之，然後類爲甲，上於僕射，乃上門下省給事中讀之，侍郎省之，侍中審之，不當者駮下。既審，乃上聞，主者受旨奉行，各給以符，謂之告身。此不云僕射者，開元中改僕射爲丞相也。弘文館隸門下省，生凡三十人，時試人以《禮記》、《春秋左傳》爲大經，《詩》、《周禮》爲中經，《易》、《書》、《春秋》公、穀二傳爲小經。其試弘文生，一大經，一小經，或二中經，或《史記》、前、後《漢書》、《三國志》各一，或時務策五，而經史皆試策也。此名嵩者，蕭瑀從曾孫，暠者，淮安王神通玄孫，豫者，席豫，寬者，裴漼從弟，景融，陸象先弟，及韋恒、裴耀卿、苗晉卿，《唐書》皆有傳有可稱，惟陳希烈在《奸臣傳》。其擬官廿二人無所考，世所傳盛唐詩人有常建，亦未知是否。此誥書者及署名，筆意皆佳，今七百年完整如新，余得之前泰和令吴埜，遂考而識之。

書宋高宗手詔後 楊士奇

右宋思陵賜吕忠穆公頤浩手詔一道，公九世孫今福建按察僉事升之所藏也。升前官江西時，嘗倉卒失焉，後二十有三年，迺復求得之，間以示余。詔紹興五年所賜，蓋紹興三年，公罷左僕射爲觀文殿大學士，提舉洞霄宫，居台州，五年，起知潭州兼帥，即此詔所命也。是年夏，岳武穆平湖寇楊太，此命當在初平太之後。公至潭，適大旱，究心荒政，盡力拯濟，所全活甚衆，而明年冬，遂改浙西安撫制置大使，判臨安府，在潭期歲而已。夫以公平生愛君憂國之切，而此詔辭旨深厚，誠要義激，庶幾可爲上下交而其志同者也。然公之大忠，在於力排和議，以圖恢復之績，以雪君父之耻，而當時文武大臣，斷斷同公此志者，如李、張、韓、岳諸公，可爲衆矣，然卒不能以勝一逆檜之邪，致宋終以不振。嗚呼，天下國家以衆君子興之而不足，以一小人敗之而有餘，此聖人於坤之初六，所以深致夫履霜之戒也歟。三復感歎，志其後以歸之。

題歐陽文忠公誥命後 楊士奇

此宋慶曆三年歐陽公修知諫院所授誥也，誥辭孫抃行。時公自滑州召還，是年二月，與余公靖、王公素、蔡公襄俱爲諫官，號四諫。四月，夏竦、吕夷簡皆罷，而杜、韓、范、富諸公，相繼入兩府。想見其一時公道昭明，善類彙達，天下日躋於治，盛矣哉，於今三百八十年。此誥今藏於公之十四世孫齊，又以見名賢之後能永保之也。

余以齊邂逅北京，獲拜觀焉，敬志其左。

題宋歐陽修撰告身後楊士奇

宋陳東、歐陽澈皆以忠言見殺高宗朝，後高宗悔之，此誥其褒恤之命。蓋初爲小人所蔽，追悔之辭，雖切無及，然覆轍尚可戒後。而無幾胡銓、韓紃言和議，何兑言、馬伸存、趙之功、梁勳言金兵必至，宜有備，皆遠竄，雖不死，死等耳，惡睹其克戒也哉。嗚呼，爲國之患，莫大於殺忠言，爲臣之禍，莫慘於以忠言見殺。此誥至今三百九十年矣，雖傳之千載，不能使人讀之不興慟也。

跋黃檢法告身後楊士奇

右宋御史臺檢法官永嘉黃袞歷官告身三通，公七世孫性什襲唯謹，性之子今右春坊大學士淮以示余求題。余考其時其人，不能無慨焉者。第一通紹興八年，公爲饒州司法參軍時所授。是年三月，秦檜自樞密使拜右僕射，同中書門下平章事，仍兼樞密使。五月，王倫使金還，檜力勸思陵屈己主和議，左僕射趙鼎持不可，參政劉大中附鼎議，於是檜使臺臣劾大中。十月，罷知處州，鼎亦繼罷爲兩浙東路安撫制置大使，兼知紹興府。十一月，樞密院編修官胡銓以上疏極論和議不便，乞斬檜等，遂遠竄，侍郎曾開亦以論和議被黜，而刑部尚書胡交修先以母老求去，皆在八年。鼎以下諸賢，當時國家所持以爲元氣者，一旦盡逐之，蓋自是和議遂定，而天下之事變矣。後兩通皆不完，有月日而無紀年，第二通改左宣教郎充光州學教授，考之當是紹興十六年，蓋前年十月，以樞密都承旨兼侍讀李若谷僉書樞密院事，兼權參知政事，十七年正月，罷僉樞而真爲參政。第三通權通判均州，轉左承議郎時所授，當是紹興二十三年，蓋廿二年十月，始以御史中丞宋樸僉書樞密院事，次年十月遂罷，至是而天下之事愈變矣。若谷與樸柔佞檜，拔之散地，取其易制，二人拱默於位，無足論。林一飛兄弟黨檜，靡所不爲，周三畏親佐檜殺岳飛，小人之尤無忌憚者，而皆柄用之。賢者如吳表臣正直敢言，志同趙鼎、陳橐、薛徽言，皆以非和議見嫉於檜，用未久而輒斥。嗚呼，親小人，遠賢臣，宋之不復振，豈待他日而後見哉，此余所以爲深嘅者也。

然當檜勢燄赫奕時，奸邪阿附之徒，一言苟合，自散冗超躋華要，如鄭仲熊輩者多矣。黄公以紹興壬子張九成榜進士，與仲熊同年，歷官二十餘年，猶卑卑以權州判轉承議郎，終其身不過檢法官。檢法在御史臺，與主簿皆從七品，非公自重，難進而若此乎？　繇紹興二十二年至今，二百六十有一年，性恂恂篤行，以承家啟後爲務，用淮貴，封奉議大夫、右春坊大學士，淮起科目，登清華，駸駸光榮，未可量也。賢者必有後，撫卷三歎，遂爲題此。

跋傅氏户券後宋濂

右户券二番，姑蘇傅君著所藏，裝褫成卷，請予題其後。予頗記元太宗以歲甲午正月平金，越十有九年壬子，而北籍方定。世祖以至元丙子正月平宋，越十有五年庚寅，而南籍方定。開基創業之君，甚不易也蓋如此。是券之存，猶可見元初政令之概，不特著之賢，能保守先世遺物而已也。著字則明，與弟範皆舉進士，著選常熟校官，範爲鞏昌會寧令云。

元太宗皇帝御製宣諭後題 宋濂

太宗即位之五年，新建國子學於燕京，御製宣諭二通。其一通諭奪羅解等及十投下管匠等官。方是時，遣蒙古子弟一十八人，來習漢人語言文字，復掄漢人子弟二十二人，攻習蒙古言語弓箭。命提領陳時可擇二名儒管勾，并主守孔子廟，道人馮志亨選秀士二人、通儒道人二人，分作四牌子教讀，不帥教者以簡子量箠之。更權用燕京、真定曆日銀，建立夫子廟兩廡及肄業之舍，其子弟日給米人一升，麪如之，肉一斤，晚同給酒四缶，家糧之給亦一升，土箸者皆不與。又於降户每人撥小蒼頭一名，以奉使令。此蛇兒年六月初九日所頒也。其一通諭受學諸弟子員，習漢人文書之外，兼諳匠氏藝事，及藥材所用彩色、所出地州郡所紀，下至酒醴、麴糵、水銀之造，食飲烹飪之制，皆欲周覽旁通。仍戒飲酒，不可有違。而於習讀之事尤諄也。所頒之年月與前同，不書何日，意稍後於前，亦不過旬日爾。後十六年，當定宗崩之明年己酉十月望日，夫子廟住持賜紫知觀李志元始襲樂石，令重玄子葛志仙刊置學中，其左方序列四教讀弟子名，蒙古必闍赤自禮古魯真以下凡十九人，漢人必闍赤自文宣奴而下凡二十八人。所謂必闍赤者，譯言書生也，其數比舊有所加者，續有慕效而來者耳。又列羅、劉二通事，不著其名，又列宣授蒙古必闍赤四牌子總教馮志亨、宣授金牌提舉國子學事中書楊惟中、御前宣議國子學事仙孔八合識李志常三人銜名。所謂八合識，譯言師傅也，惟中即楊文肅公，從事征行，勞烈甚著。餘若志元、志先、志亨、志常，則皆黃冠師。當時制尚淳質，混儒道二者爲一，不復異别，有合於老、《易》同用之旨，厥後勳碩輔頗有爲道家所薦而起者。濂謹按，蛇兒年六月九日，正金哀宗天興二年癸巳六月壬午也，金自宣宗以貞祐二年五月壬午遷汴，三年五月庚申，燕京入我職方，至是垂二十載，立學以教胄子，固惟其時。然竊獨怪是年王師南征，圍汴蹴蔡，決策制勝，日不暇給，而我太宗乃以教育英才爲先務，而其爲教又能達理事不二，鑿鑿見諸實用，神謀睿算，度越前王，天縱之聖，爲不可及已。列聖有作，益修成均養士之制，百年以來，遂用人文化成天下，兹蓋其權輿始也者歟。石刻今藏京師，與御賜祭宣聖王斝，皆提舉學事者司之，每當代云，出以相傳，且繫其名於籍，非惟不忘其本先，蓋亦慎之至也。濂因得而備記之，俾覽者知祖宗垂意學校，文運之興，殆非一日，而纂修史臣，或得以參考焉。

書穆陵遺骼宋濂

初至元二十一年甲申，僧嗣玄妙高上言，欲毁宋會稽諸陵，江南總攝楊輦真加與丞相桑哥相表裏爲奸。明年乙酉正月，奏請如二僧言，發諸陵寳器，以諸帝遺骨建浮屠塔於杭之故宫，截理宗頭以爲飲器。大明洪武元年戊申正月戊午，皇帝御札丞相宣國公李善長，遣工部主事谷秉毅移北平大都督府，及守臣吴勉索飲器於西僧汝納監藏深惠，詔付應天府守臣夏思忠，以四月癸酉，瘞諸南門高座寺之西北。明年己酉六月庚辰，上覽浙江行省進宋諸陵圖，遂命藏諸舊穴云。嗚呼，上之德可謂至矣哉。

恭題御製賜給事中林廷綱等敕符後宋濂

洪武十二年正月二十一日，上御奉天門，權給事中林廷綱等六人以歸省其親爲請，上欣然可之。明日陛辭，上親製敕符諭之，且命人各書其副以歸，廷綱等咸叩頭拜受而退。既而廷綱嚴裝成卷，以示臣濂，請識其左方。臣聞古聖君之待重臣，當授職之際，必告之以言，如堯之命九官、周康王之誥君陳者，有之矣。今廷綱以初試職之小臣，而有此賜，誠古所鮮有之。小臣膺此賜或有之，然昔時訓命之辭，多作於代言之官，如廷綱之賜，出於上所親製者，無有也；親製或有之，求其誨諭諄切，期望深厚，猶父命子，如廷綱所被者，無有所。嗚呼，上之待廷綱可謂至矣，廷綱宜何如報哉，廷綱其去而思乎。昔者處乎閭巷而齒乎恒民，今一旦至此，果誰之賜歟，焉可不盡心也。上之望廷綱者，以忠爲先，而忠非效一職、奉一令之所能盡，必也至公而忘私，循義而忘身，斯可矣。苟徒恃上之寵榮，以誇其鄉邦，是恒人之智爾，於廷綱何取哉。是月二十五日，前某官臣濂〔三〕拜手謹題。

跋宋誥楊士奇

建寧府照磨臨江謝良翰出示所藏先世宋嘉祐二年贈官告敕一通，蓋良翰十三世祖堪時，以尚書員外郎通判衡州，用郊祀恩，贈其父少連殿中丞者也。堪，天聖八年進士，與歐陽文忠、石守道皆同年友，終殿中侍御史，其歷官頗多，而所受誥敕，蓋屢歷世變，獨存此耳。其書員外郎知制誥絳者，謝希深也。學士中書舍人偉者，楊子奇大年弟也。崇文院檢討公著者，呂正獻也。獨吳奎書姓，當時臣僚於御下但書名，名有同者，則書姓以別之，蓋自丁度、盛度始。此誥至今三百七十有四年，完好如新，亦可以見謝氏後世之賢。敬識而歸之，宣德六年冬。

右貴人押字跋 王魯齋

我思古人嘉言善行，不能盡識也，每其一點一畫，未嘗不玩味其意趣，注心高仰之。寶祐癸丑，得此碑於鬻書人。異哉，人之癖好也，何彙萃者不憚其勞，何刻石者不吝其費，是果何益於世哉，予則因可以觀人物，亦可以觀世變。蓋古人之押字，實書名而花之，後世乃不然，與其名而不相似，直著其心之精微，寓於數畫之中。字者與人同，未足以深知其人，押則我之所獨，人焉廋哉。予觀司馬文正之押，署名而小花，既不失其製押之原，而精神風致，自然見於誠意之表。特此法未易盡識之耳，以大略言之，凡氣稟之重厚輕浮，心事之坦夷巇險，趣向之邪正，力量之强弱，皆可見也，既於字以得其人，又於人以驗其世。故自唐末終五季，諸人固無足取，觀其押字，莫不怪詭飄揚，傾欹放蕩，宜乎亂亡之相尋。及我國家盛時，諸賢之押，何其簡易而平正也。君子之於物，不以其末而棄之，亦必求其本也。嗚呼，是雖筆墨間至淺事也，其可忽諸。

題宋授通直郎致仕朱棐敕牒後 胡儼

右宋通直郎致仕朱棐敕牒一通，實徽宗大觀二年八月十八日所授也。棐乃今江西按察副使淩邦輝祖母之六世祖也，邦輝於故篋中得此，裝潢以來求題。觀敕所云：「景貺備臻，八寶告成，凡兹有位，爰舉恩章。」考之當時，得良玉工，命作六寶，曰皇帝之寶，曰皇帝行寶，曰皇帝信寶，曰天子之寶，曰天子行寶，曰天子信寶，并受命、鎮國二寶，通爲八寶。所謂景貺者，若甘露、竹花、瑞穀、芝草、仙鶴、麒麟之類，不一而足。帝以是年正月壬子朔，受八寶於大慶殿，大赦，蔡京表賀符瑞，遂加京太師，故吳潛、朱棐亦得次第以致仕覃恩。敕尾所列京與梁子美、何執中、林攄諸宰執，在當時固無足稱者，獨喜得見宋三省之制尚遵唐舊，使學者見之曉知故實，執筆臨文不致誤也。因題此卷，并以識之。

校勘記

〔一〕「高」，諸本俱無，據文意補。

〔二〕「真」，諸本俱同，疑當作「直」。

〔三〕「某宮臣濂」，續修四庫本作「具宮宋濂」。

新增格古要論卷十一

雜考上

玉璽考王佐

《通鑑綱目》：漢光武建武三年春正月，馮異大破赤眉，劉盆子降，得傳國璽綬。慈湖王幼學《集覽》云：璽，王者印也，綬，帶也，所以繫璽，黄赤綬四彩，武都紫泥封，盛以青囊，白素裹，两端無縫，尺一版，中約署。衛宏曰：秦以前以金銀爲方寸璽，秦始皇得楚和氏璧，乃以玉爲之，螭獸紐在六璽之外，李斯書之，其文曰：「受命于天，既壽永昌。」秦王子嬰以獻於漢高帝，謂之傳國璽。王莽篡逆，使安陽侯王舜迫王太后求之，太后怒罵而不與，舜言益切，後出璽投之地，璽因歸莽。莽敗，王憲得之，李松入長安，憅憲，取璽送上更始，更始降赤眉，樊崇等立劉盆子，盆子以璽綬奉上光武。至獻帝時，董卓作亂，掌璽者投諸井，富春孫堅入洛討卓，軍於城南，見井中有五色光，浚井得璽，袁術僭逆，乃拘堅妻奪之。時廣陵刺魚徐璆徵詣京師，道爲術所劫，後術死，璆得璽還，以上獻帝於許昌，時建安四年己卯夏也。漢以禪魏文帝，魏以禪晋武帝。前趙主劉聰使劉曜入洛陽，執晋懷帝，取璽詣平陽獻聰，後爲後趙石勒所并，璽乃歸勒。勒爲魏冉閔所滅，璽屬閔，閔敗，璽存其大將軍蔣幹，求救於晋征西將軍謝尚，尚使其將戴施據枋頭，遂入鄴助守，紿幹得璽，以還建康，時東晋穆帝永和八年壬子也。

佐按，自璽寄於劉、石，凡五十五年，而晋復得之，是後宋、齊、梁相繼傳之。梁元帝承聖元年壬申夏四月，盜竊梁傳國璽，歸之北齊，蓋侯景得之。景死，其侍中趙思賢棄之草間，至廣陵以告郭元建，元建取以送鄴，後周并北齊而得之。隋文帝滅後周而得璽，唐滅隋，璽歸太宗，後梁朱温簒唐而得之，後唐莊宗平亂入洛而得璽，明宗嗣立，傳至從珂。後晋主石敬塘舉兵入洛陽，從珂攜璽登玄武樓，自焚死，時清泰三年丙申十一月也，自是璽不知所在。契丹從後晋出帝求之，不可得。蓋璽之亡，後唐清泰丙申至宋太祖建隆元年庚申，凡二十五年，自宋建隆庚申至宋哲宗元符元年戊寅，又一百三十九年，而宋復得璽於咸陽。又自宋元符戊寅至宋欽宗靖康二年丁未，凡二十九年，而璽没入金虜，南宋一百五十一年，無璽明矣。元世祖平宋，凡十六年，亦不得璽，至至元三十一年甲午正月，始得璽於太師國王之孫拾得之妻脱脱真縈家，成宗即位，而元始得璽矣。成宗元貞元年乙未，至順帝至正二十七年丁未，凡六十三年，而璽隨順帝北歸矣。

秦別有一璽，其文曰：「受天之命，皇帝壽昌。」

或云，隋煬帝蕭后與孫政道，并傳國璽，奔入突厥，唐太宗即位，自製一璽，其文曰：「皇帝景命，有德者昌。」貞觀四年庚寅，蕭后與政道自突厥奉璽來歸，唐始得璽焉。

宋哲宗祥符元年戊寅正月，得秦玉璽於咸陽。

咸陽縣民段義在於河南鄉到銀村修舍，得古玉印，有光照室，其文曰：「受命于天，既壽永昌」，上之於朝。詔蔡京等辨驗，以爲秦璽，遂命曰天授傳國受命寶。夏五月，受寶於大慶殿，赦，六月，改元元符。宋徽宗崇寧五年丙戌冬十二月，得鎮國寶。有以玉印六寸龜紐獻者，其文曰：「承天福，延萬億，永無極」，凡九字，詔名鎮國寶。明年，改元大觀。大觀二年戊子春正月壬子朔，受八寶於大慶殿。時得良玉工，帝命作六寶，曰皇帝之寶，曰皇帝行寶，曰皇帝信寶，曰天子之寶，曰天子行寶，曰天子信寶，以合秦制天子六璽之數，與受命寶、鎮國寶通曰八寶。

政和七年丁酉秋七月，作定命寶。

重和元年戊戌正月受定命寶於大慶殿，赦，時得于闐大玉，踰二尺，色如截肪，帝命製爲寶，其文曰：「範圍天地，幽贊神明，保合太和，萬壽無疆」，凡十六字，篆以魚蟲。製作之工，幾於秦璽，號曰定命寶，合前八爲九寶，詔以九寶爲稱，以定命寶爲首。且曰，八寶者，國之神器，至於定命寶，乃我所自製也。

宣和四年壬寅春正月，遼主延禧殺其子晋王敖盧斡，遂走雲中，遣玉璽於桑乾河。

《通鑑續編注》云：秦以藍田玉作傳國寶，六面螭紐，魚鳥篆文，漢王太后投之殿階，螭角微玷，至魏文帝曹丕得之，隸刻肩曰：「大魏受漢傳國之寶」，至石晉歸之遼。欽宗靖康二年丁未夏四月庚申，金粘没喝退師，二帝及後宫北遷，凡八寶、九鼎、圭璧等物，爲之一空。元世祖至元二十一年甲午春正月八日，世祖崩，三十日，得傳國璽，進箋。

御史中丞崔彧《進傳國璽牋》曰：臣番直宿衛，御史臺通事闊闊术即衛告曰，太師國王之孫同知通政院事拾得，今既没矣，家計窘極，其妻脱脱真縈病，一子甫九歲，託以玉見貿，以供朝夕之給，及出，乃玉印也。及回家私視之，色青緑而玄，光采射人，其方可黍尺四寸，厚及方三之不足，背紐盤螭，四厭方際，紐盡璽墠音之上。取中道一横窾音款，空也。可徑二分，舊貫以韋條，面有篆文八，刻畫捷徑，位置匀通，皆若蟲鳥魚龍之狀，别其彷彿，有若命字、若壽字者。心益驚駭，急召監察御史楊桓至，辨其文曰：「受命于天，既壽永昌。」曰：「此傳國璽文也。」因直趨青宫，同詹事王慶端等進獻皇太妃徽仁裕聖皇后前，啟曰：「此古傳國璽也，秦以和氏璧所造，厥後有天下者寶之，以君萬國。然自前代失之久矣，今當宫車晚出，諸大臣僉議迎請皇太孫成宗龍飛之時，不求而見，此乃天示其瑞應也，宜早達於皇太孫行殿，以符靈貺。」翼日，賜收玉之家楮幣二千五百貫，彧等及進辨寶者三人衣段各一表裏，紋金綺素有差。中書石丞相完澤率集賢、翰林侍從諸臣入賀，命出寶璽，遍示羣臣。翰林學士董文用等前啟曰：「此誠神物，出當其時，若非皇太妃、皇太孫聖感，何以臻此。」丞相以下臺臣等次第上壽，自是內外稱慶，咸曰天命有歸云云。謹將寶璽之出處古今始末，詳據考證。按許慎《說文》，璽玉者，印也，以守此土，故爲文從爾從土，其義蓋曰，天付爾此器，俾寶之以守爾土也。至周太史籀易爲從爾從玉，義取天付爾此寶，以爲天下君也。三代以上璽文無所考，考諸史籍并寶璽篆文圖說曰：傳國璽，方四寸，其文飭如前，秦始皇得楚卞和之璞，命李斯篆其文，玉工孫壽刻之。《太平御覽》又以爲藍田玉所刻，子嬰奉璽以降沛公，高祖即位，因世傳之謂爲傳國璽云云。此下見前。宋、齊、梁、陳相傳，以至於隋，滅陳而得璽。隋末，蕭后與太子正道并傳國璽，并入於突厥。唐太宗即位，寶璽未獲，乃自刻玉，曰：「皇帝景命，有德者昌。」貞觀四年，蕭后與正道自突厥奉璽歸於唐，太宗始得璽焉。朱温篡唐，璽入於温，莊宗定亂，璽入後唐，明宗嗣立，再傳養子從珂，是爲廢帝。石氏篡立，從珂自焚死，是璽不知所在。至宋哲宗，咸陽民段義獻玉璽。及徽宗爲金所虜，凡有寶璽，金皆取之，内璽一十有四，青玉傳國璽一，其色與金所獻玉璽相同，則知宋之南遷二百年，無此寶璽也明矣。然自金既取於宋之後，寶璽出處得失，亦未見有明説。以及我元，適集皇太孫寶所歸之際，應期而出，臣職總御史，親會盛事，不可以不録。又圖中别有一璽，其文亦八，旁注曰：「此傳國璽背文也」，今見寶璽之背，皆刻螭形，盤屈凸凹上烏交切，下他骨切。不齊，遍壓四際，無地可置此文。又按《太平御覽》，晋泰光十九年雒州刺史郗恢表，慕容永稱藩，奉璽方六寸，厚七分，蟠螭爲鼻。今高四寸六分，四邊龜文，有字曰：「受天之命，皇帝壽昌」，原其所由，未詳其始。以斯言之，當别是秦一璽，非今傳國璽也，此又不可不辨。臣彧誠惶誠恐，頓首稽首，謹奉牋上進以聞，伏希聽覽，臣彧不勝瞻望之至。謹言。此文乃楊桓所撰。

皇太妃，即徽仁裕聖皇后，太孫之母也。

皇太子名鐵木耳，太子真金之子，世祖之嫡孫，是爲成宗。

楊桓，字武子，兗州人，幼警悟，博覽羣籍，精篆籀之學，由儒學教授任監察御史、祕書少監，官至國子司業以卒。

闊闊木拓跋氏，任御史臺通事，成宗即位，近臣以璽事聞，授漢中道廉訪司僉事，官至湖廣廉訪使以卒。

拾得禮剌氏，國王速渾察之子，太師國王某之孫，任同知通政院事。

崔彧，字某，任御史中丞、御史大夫。

完澤，元賢相。

已上俱見宋薛尚功所編《歷代鐘鼎彝器款識》法帖碑本第十八卷内，璽文摹勒於前，以備博古者之一覽云。

尚功云，二璽文本只一器，緣傳摹字畫，不同形制。

璽國傳

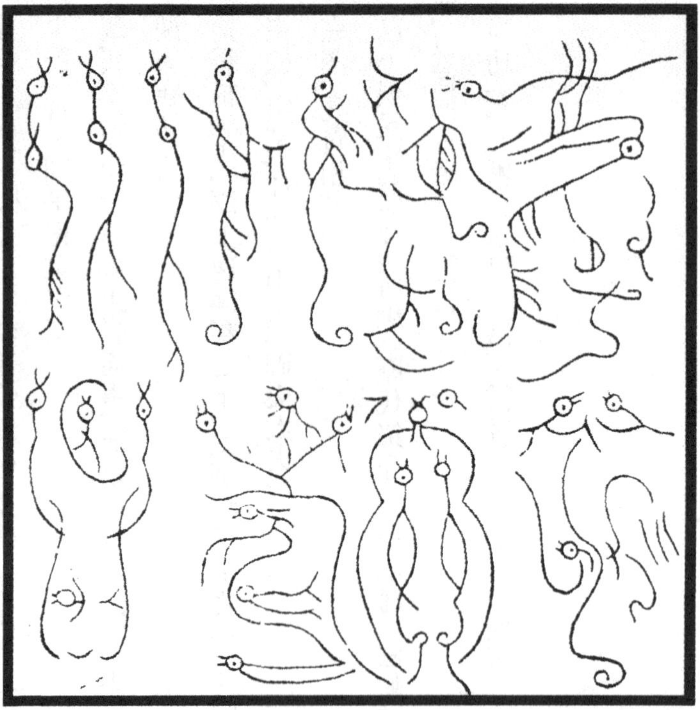

向巨源本

受命于天

既壽永昌

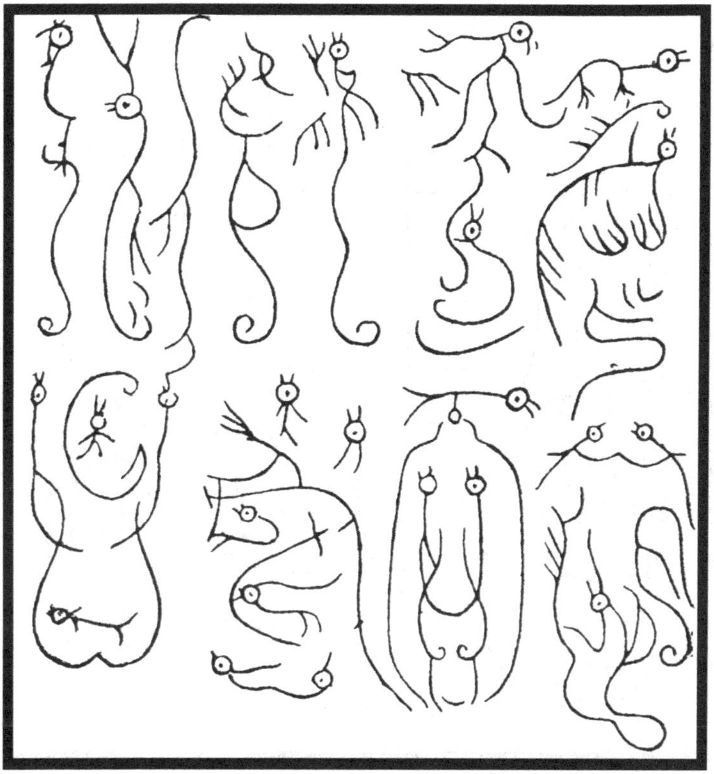

蔡仲平本
受命于天
既壽永昌

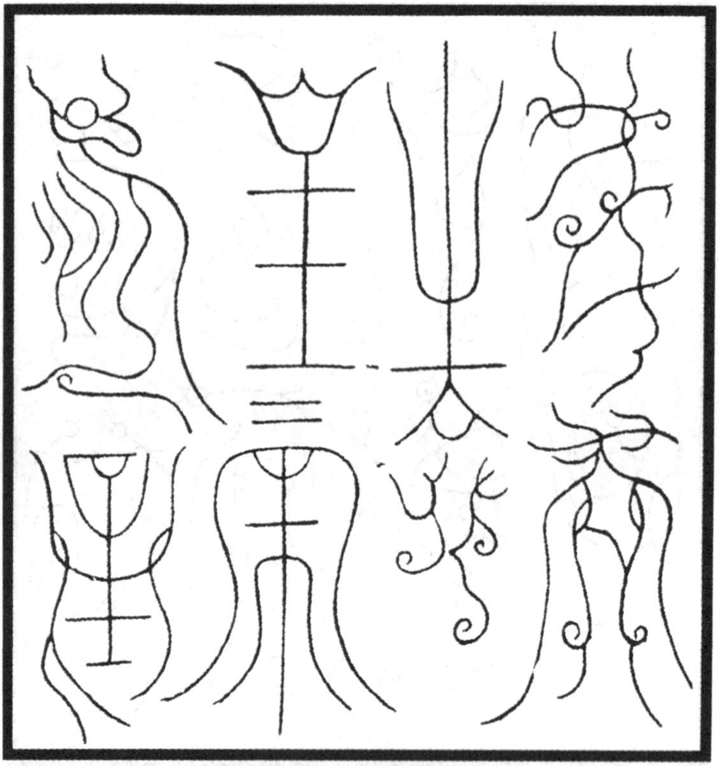

畢景儒本

受天之命

皇帝壽昌

其文玄妙淳古，無過於此。雖龍飛鳳翥不足以擬其勢，摹印之祖也。

已上俱秦璽。大小有異，因荊玉刻之，非疑以傳疑之意也。

天順三年春正月日，王佐記。

金書鐵券考王佐

漢高帝平定天下，即剖符封功臣，上者王，次者侯。及赦淮陰侯，十二年，又大封功臣百四十有三人爲侯，大侯不過萬家，小侯五六百户。於是申以丹書之信，重以白馬之盟，始作鐵券，其内鏤字，以金塗之，故名曰「金書鐵契」，其封爵之誓有曰：「使黄河如帶，泰山若礪，國以永存，爰及苗裔。」作金匱石室，藏之宗廟。又作元功十八侯位次，見《高帝紀》及《功臣表》首。歷代因之，以賜功臣。

送錢允一還天台序宋濂

皇帝即位之二年，秋八月，大將軍帥師取燕都，西北州郡，次第皆平，而天下歸於一統。越明年之冬，上將親御衮冕，郊祀天地，大告武成，復念開國諸臣勞烈之多，錫以鐵券，以申河山帶礪之誓。前一月，下禮官議其制度，近臣奏言，唐和陵時嘗有賜於錢武肅王鏐，其十五世孫尚德實寶藏之。上遣使者即其家訪焉，尚德奉詔，櫝券及五王遺像上之。上御外朝，與丞相宣國公臣善長、禮部尚書臣亮、主事臣肅觀之，皇情悦豫，敕省臣宴尚德於儀曹，恩意有加焉。已而尚德東歸，陛辭之日，命還其券與像，以禮敦遣之。予時待罪禁林，尚德以予知其事，請序其故而繫之以詩。夫錢氏寶有此券也五百載，宋淳化中，杭州守臣嘗連玉册進之，元豐五年，又進之。宋季兵亂，券沉官渭水中者五十六年。元至順二年，漁人獲之，而售於尚德之父世珪，迄今有道之朝，而尚德又進之。是嘗三登天子之庭，其間或顯或晦，雖若類靈物呵護之，亦其孫子之多賢，始能保守而弗墜也。尚德字允一，天台人。

唐昭宗封錢鏐爲彭城郡王賜金書鐵券缺

後唐莊宗封錢鏐爲吴越王賜玉册金印缺

唐昭宗賜吴越武肅王錢鏐鐵券考王佐

其券如瓦，高尺餘，闊二尺許，券辭用黄金商嵌，一角有斧痕。誥詞云：

維乾寧四年，歲次丁巳，八月甲辰朔，四日丁未，皇帝若曰：諮爾鎮海、鎮東等軍節度使，浙江東西等道觀察、處置、營田、招討等使兼两浙鹽鐵、制置、發運等使，開府儀同三司、檢校太尉兼中書令使，持節閩、越等州諸軍事，兼閩、越等州刺史，上柱國、彭城郡王、食邑五千户、食實封一百户錢鏐，朕聞銘鄧騭之勳，言垂漢典，戴孔悝之德，事美魯經，則知褒德策勳，古今一致。頃者董昌僭僞，東昏鏡水，在謀惡貫，深染齊人。而爾披攘兇渠，盪定海表，忠以衛社稷，惠以福生靈，其機也氛祲清，其化也疲羸泰。拼甌越於塗炭之上，師無私焉，保餘杭於金湯之間，政有經焉。志獎王室，績冠侯藩，溢於旂常，流在丹素。雖鍾繇刊五熟之釜，竇憲勒燕然之山，未足顯功，抑有異數。是用錫其金版，申以誓辭，長使黄河有似帶之期，泰山有如礪之日。唯我念功之旨，永將延祚子孫，使卿長襲寵榮，克保富貴。卿恕九死，子孫三死，或犯常刑，有司不得加責。承我信誓，往惟欽哉，宣付史館，頒示天下。

羅隱代鐵鏐作謝恩表

恩主賜臣金書鐵券一道，恕臣九死、子孫三死者，出於睿眷，形此論言，録臣以絲髮之勞，賜臣以山河之誓，鐫金作字，指日成文，震動神祇，驚起肝膽。伏念臣微從筮仕，殆及秉麾，每自揣量，是何叨忝。所以行如履薄，動若持盈，惟憂福過禍生，敢忘慎初護末。豈期此志，上感宸聰，憂臣以處極多危，慮臣以防微不至，遂開聖澤，永保私門，屈以常刑，宥其必死。雖君親囑念，皆云必恕必容，而臣子爲心，豈敢傷慈傷愛。謹當日慎一日，戒子戒孫，不敢因此而累恩，不敢乘此而賈禍。聖主萬歲，愚臣一心。

新增格古要論卷十二

雜考中

聖旨教令之别考王佐

秦漢，天子稱制、詔、敕，母后、東宫、諸侯王稱令，郡守稱教。無名爲旨者。

魏晋，天子稱聖旨，若曰宜奉承聖上之旨意而已。然則承旨行事，本取指揮之義，以從尋常簡便之稱。

大事則有制可，宣布則有詔書，除授則有敕命，非古制也。《晋書·王沈傳》：沈爲豫州刺史，下教求言。又羅友答桓温曰，非奉教旨。

唐，天子稱敕旨，如延英面對，或稱進止，則又或進或止，取於宸斷之義。趙宋奏札猶襲用之。

五代，每事稱進止。

宋，天子稱聖旨，中宫稱教旨，東宫稱令旨，太皇太后亦稱聖旨。

岳珂曰，令體重也，教體輕也，且旨者一時之名，而教令則典則之常也。

天子親王文武官員服帶之制考王佐

宋制，乘輿東宫繫玉帶，親王勳舊間賜玉帶，大臣金帶，其次則犀帶、角帶，此不易之制。考之典故，乘輿以排方，東宫不佩魚，親王佩玉魚，大臣勳舊佩金魚。

金帶有六種，毬路、御仙花、荔枝、師蠻、海捷、寶藏。

金塗帶九種，天王、八仙、犀、寶餅、師蠻、海捷、雙鹿、行虎、窪面。

金束帶八種，荔枝、師蠻、戲童、海捷、犀牛、胡荽、鳳子、寶相花。

金塗束帶四種，犀牛、雙鹿、野馬、胡荽。

犀帶有二種，以牯、特爲别。

宋初，凡新除恩慶，宰臣、樞密使、知樞密院事、參知政事、樞密副使、同知樞密院簽書、同簽書樞密院事，賜金笏頭二十五兩帶，副以魚袋。武臣御仙花帶，無魚袋。使相、節度使、宮觀使、觀文殿大學士曾任宰相者，即賜金頭笏二十五兩帶，副以魚袋。餘只賜御仙花帶，無魚袋。

三司使、觀文殿大學士、資政殿大學士、翰林學士承旨、翰林學士，資政殿、端明殿翰林侍讀、侍講，龍圖、天章、寶文閣學士，樞密直學士，龍圖、天章、寶文閣直學士，御史中丞及權兼守等官，并賜金御二十兩帶。

知制誥賜牯犀帶，副以金魚。

凡出使見任中書樞密使、曾任宰相并使相節度使，賜金御仙花二十五兩束帶。宣徽使、曾任中書樞密院、充諸路都總管安撫使，賜金御仙花二十兩束帶。節度、轉運、留後觀察使，賜金御仙花二十兩束帶。

正任防禦使、正刺史、内客省使至閤門使、延福宫使至昭宣使、充諸路路分一州、總管鈐轄沿邊知州軍安撫，賜金御仙花二十兩束帶，諸司使充者十五兩。客省引進閤門副使、諸司副使、内侍省内侍押班、充諸路沿邊路分鈐轄，賜金御仙花十五兩束帶。文臣换武臣，并賜塗金銀寶銙十五兩帶。

御前軍班换前班，并賜塗金銀帶。諸司使，寶銙二十兩。副使至崇班，寶銙十五兩。供奉官至殿直，荔枝十兩。奉職借職，雙鹿八兩。堂後官新除，賜塗金銀寶銙十五兩帶。伎術官雖服紫緑，皆給銀帶。

元豐改官制，五年正月二十九日，詔三師、三公、宰相、執政官、開府儀同三司、節度使、嘗任宰相者、觀文殿大學士以上，金毬文方團帶佩魚。

觀文殿大學士至寶文閣直學士、節度使，御史大夫、中丞，六曹尚書、侍郎，散騎常侍，御仙花帶。內御史大夫、六曹尚書、翰林學士以上及資政大學士、特班翰林學士上者，仍佩魚。

大觀二年五月十七日，詔中書舍人、諫議大夫、待制、殿中少監，許繫紅鞓犀帶，更不佩魚。

乾道九年十二月五日，詔中書舍人、左右諫議大夫、龍圖、天章、寶文、顯謨、徽猷、敷文閣待制、權侍郎，許服紅鞓排方黑犀帶，仍佩魚。於是其制始定。

太平興國七年正月九日，翰林學士承旨李昉言，準詔詳定車服制度六，荔枝帶本是内出以賜將相，在於庶僚，豈合僭服，望非恩賜者，官至三品乃得服。則是荔枝帶其初固以賜將相矣，而今則惟武臣用之也。

慶曆八年十一月二十九日，彰信節度使兼侍中李用和言，伏見張耆兼侍中日，特賜笏頭金帶，以爲榮異，詔如耆例。王貽永見任樞密使同平章事，亦令閤門就賜。則是笏頭帶，其初雖武臣爲見任樞密使，若使相者皆未嘗得賜，而今則凡使相皆通服也。

又有笏毬文帶。

熙寧十年十二月八日，崇信軍節度使同中書門下平章事宗旦，集慶軍節度使同中書門下平章事宗諤，以郊禮加恩告謝，特賜金笏頭腰帶，加魚袋。自是宗室帶同平章事者，始得服其帶也。

又有花犀帶。

紫雲樓金帶考王佐

蔡絛《鐵圍山叢談》曰：太宗得巧匠，因親督視於紫雲樓下造金帶，得三十條，匠者爲之神耗而死。以一賜曹彬，一以自御，後以隨葬，餘二十八條，貯之於庫，號鎮庫帶焉。後人徒傳其名，而宗戚有服金帶異花，精緻者往往指目此紫雲樓帶，其實非也。徽宗以賜童貫諸人，欽宗追復還庫。高宗□十三年，有客來自海外，忽出紫雲樓帶，上以四胯出示岳珂，蓋虜騎再入，適紛紜時，欽宗所追不及者。其金紫磨也，光豔溢目異常金，又其文作醉拂菻人，皆突起，長不及寸，眉目宛若生動，雖吴道子畫所弗及。若其華紋，則又六七級，層層爲之，鏤篆之精，其細微之像，殆入於鬼神而不可名。且往時諸帶方胯，不若此帶迺獨大至十二稻，是在往時爲窮極巨寶，珂不覺爲之再拜。

唐賜紫金魚袋賜緋銀魚袋魚符考 王佐

宋岳珂按劉昫《會要》："高宗永徽二年四月二十九日，開府儀同三司及京官文武職事四品五品，并給隨身魚袋。"祁《唐舊史·輿服志》爲五月，歐陽修、宋祁《新史·輿服志》不著年月，以爲三品五品有飾金與銀之别，且出内必合，以防召命之詐。還考《會要》。

永徽五年八月十四日，敕："恩榮所加，本緣品命，帶魚之法，事彰要重，豈可生平在官，用爲褒飾，纔正亡殁，即便追收，尋其終始，情不可忍。自今以後，五品以上有薨亡者，其隨身魚不須追收。"如此則魚袋本以褒飾，恐不專以防詐僞也。《會要》又載高宗咸亨三年五月三日，始令京官四品職事佩銀魚，是日内出魚袋遍賜之。《舊史》亦載是年月，五品以上賜新魚袋，并飾以銀，三品以上各賜金裝，刀子礪石一具參之。《新史》魚袋之賜，與分品賜飾年月迥别，本非一時事，又初無金飾魚袋之制，所謂金飾者，乃刀子礪石耳，斷文紀事，固已失實。又按《會要》，武后垂拱二年正月二十日，敕諸州都督刺史，并準京官帶魚，新舊《唐史》所載無訛。按外鎮都督刺史，自有魚符，初不假魚袋以信召命，蓋驗褒飾之説爲可據，所以給之者，欲以均内外之寵而已。又按《會要》，武后天授元年九月二十六日，改内外官所佩魚爲龜，久視元年十月十三日，職事三品以上龜袋，宜用金飾，四品用銀飾，五品用銅飾，上守下行，皆依官給。中宗神龍元年二月四日，在京文武官五品以上，依舊式佩魚袋，九月十七日，敕嗣王郡王有階卑者，許佩金魚袋。玄宗開元元年八月二十日，諸親王長子先帶郡王官階卑者，亦聽著紫佩魚袋。又神龍二年八月，制在京文官五品以上，依舊式佩銀魚。睿宗景龍三年八月，令特進佩魚，則散職佩魚自此始，新舊《史》雖有詳略，其事互同。則改魚爲龜，正武后革命時事，而中宗反正，不俟淹時，即復其制，要必有深意，不直爲外飾。蘇氏記又曰，自永徽以來，正員官始佩魚，其離任及致仕即去魚袋，員外、判試、檢校等官，并不佩魚。至開元八年九月十四日，中書令張嘉貞請致仕官及内外官五品以上、檢校、試判及内供奉官見占闕者，聽準正員，例許終身佩魚，以爲榮寵，以理去任，許佩魚。自後恩制賞緋紫，例兼魚袋，謂之章服。又《會要》，睿宗景雲二年四月二十四日，敕魚袋著紫者金裝，著緋者銀裝。《新史》，開元初，駙馬都尉從五品者，假紫金魚袋，都督刺史品卑者，假緋銀魚袋。參稽并觀，則散官、員外、判試、檢校，皆佩魚，又許終身，雖去任亦佩魚，益驗褒飾之説爲不誣，而防詐之制爲已變也。假紫假緋，正今日借服之所自始，而金銀銅之飾，雖肇於武后之久視，而用以假紫假緋，而無間内外品秩者，蓋至於景雲而後定。《新史》，官品魚褒飾，謂在高宗朝，益見其非。珂後因閲《朝野僉載》有曰，「唐高宗上元年中，令九品以上佩刀、礪、算、袋，紛帨爲魚形，結帛作之，取魚之衆鯉，彊之兆也，至天后朝乃絶，景雲之後，又準前結帛魚爲飾。竊疑魚袋之始，意或出此。武后既廢帛魚，亦改龜佩，正一意度耳。乃考雜傳記，見唐李淳風《讖書》有「江中鯉魚十八子」之説，爲唐受命之符。又《酉陽雜俎》載唐律取得鯉魚，即宜放，仍不得喫，號赤鯶公，賣者決六十。程文簡大昌《演繁露》載武后以玄武爲龜，故改龜佩。稡此數説，始信所疑爲有據依。《新史》又載唐高祖初入長安，罷隋竹使符，班銀菟符，其後改爲銅魚符，以起軍旅，易守長，京都留守、折衝府、捉兵鎮守之所及左右金吾、宮苑總監、收監，皆給銅魚符。宮殿城門給交魚符、巡魚符，左廂右廂給開門符、閉門符。蕃國亦給符，雄雌各十二，銘以國名，雄者進内，雌者付其國，朝貢使各齎其月魚而至，不合者劾奏。又《新史》載魚袋顛末曰，隨身魚符者，以明貴賤，應召命，左二右一，左者進内，右者隨身，皇太子以玉契召，勘合乃赴，親王以金，庶以銅，皆題某位姓名，官有貳者，加左右，皆盛以魚袋，三品以上飾以金，五品以上飾以銀，去官納之，不刻者傳佩相付。復考《帝紀》，高祖以隋義寧元年十一月甲子入京師，二年四月辛巳，停竹使符，班銀菟符，五月甲子受禪，改元武德，九月癸丑，改銀菟符爲銅魚符。則草昧之初，所以汲汲易之者，正以爲開國之兆，而其他一切之用符契，皆以魚意，尤不待辨而可察也。在隋之先，雖亦嘗用魚符矣，特偶然以爲飾，至唐用讖正指此，以神其革命，又不當以隋爲比。《新史》雜載之説，正防僞之源流。要是符盛以袋，雖出初意，而袋飾以魚，本爲寵章，金銀之初無年月，自當以紀爲正，後雖不合符者，亦得佩魚，意亦顯然，其不可泥初創之制亦明矣。然則國朝因之可乎？洪文敏邁《容齋四筆》載隨筆書，衡山唐碑刻別駕賞魚袋之名，不可曉。今按《唐職林·魚袋帶門》敘金、玉、銀、鐵帶及金銀魚袋云，開元敕：「非灼然有戰功，餘不得輒賞魚袋」，斯文明也。珂按，以魚袋充賞，蘇氏記、新舊《史》皆有賞緋紫例兼魚袋之文。《會要》開元二年閏二月，敕承前諸軍人多有借緋及魚袋者，無功借賞，深非道理，宜敕收取，即將以上先借後奏。其靈武、和戎、天武、幽州、鎮軍、赤水、河源、瀚海、安西、定遠等軍，既臨賊衝，事藉垂賞，量軍大小，各賜金魚袋一二十枚，銀魚袋五十枚，并委軍將臨時行賞，則賞魚袋出處，亦可與《職林》參見也。馬永卿《嬾真子録》載，陝府平陸主簿張貽孫問魚袋制度，而答以今之魚袋乃古魚符，必以魚者，蓋分左右可以合符，唐人用袋盛魚，今人以魚飾袋，爲非古制，要亦未詳考其所由云。詳見《愧郯録》。

佐按，宋狀元陳堯諮善射，號小由基，母夫人怒，以杖擊之，其金魚墜地。以此觀之，則金魚必刻木爲之，而飾以金也。姑記於此，以俟考古君子詳焉。出《氏族大全》。

宋魚袋考王佐

宋初承五季，草創官儀未備，太宗既卒伐功，垂意右文，章服稽古，以爲後則。雍熙元年十一月丁卯，祀南郊，大赦，初許陞朝官服緋紫。及二十年者，敘賜緋紫，内出魚袋以賜近臣，自是内外陞朝文武官皆帶魚袋，凡服紫者飾以金，服緋者飾以銀。京朝官幕職、州縣官賜緋紫者，亦帶魚袋，親王武官、内職將校皆不帶魚袋。宋朝魚袋之制自此始。岳珂云，嘗以歐陽文忠公修、劉昫新舊《唐史》、《唐要》考訂其由，雖詳創革，然其所以創者，抑寓他説，殆非國朝所當因也。

宋制服章入銜考王佐

宋之賜章服入銜者，服紫者曰賜紫金魚袋，服緋者曰賜緋銀魚袋，其爲連率職司節鎮、支郡倅貳，服色未至，而應隔借。若序借者，服紫者止曰借紫，服緋者止曰借緋，所借魚袋，不以入銜，而實得佩魚如正賜者。岳珂按唐故事，假紫者金魚袋，假緋者銀魚袋，見於《新史》開元之制。本朝雍熙郊赦，雖服賜魚，而不及借服者，考之《續會要》，徽宗政和元年十一月十七日，尚書兵部侍郎王詔奏，今監司、守倅等，并許借服色而不佩魚，即是有服而無章，殆與吏無别，乞今後應借緋紫，臣僚并許隨服色佩魚，仍各許入銜，候回日依舊服色，從之。則借服得佩魚，蓋自是年始也。然當時詔所奏既許以借佩，又許以入銜，凡今之結銜者，皆當全書金魚銀魚袋，而有司給告敕，例不帶行，則被借者無緣敢自以入銜。高宗南渡而後，掌故散訛之失也，又有位登法從而未至八座者，於法止賜金帶，不復佩魚，而每於官職封賜金銜，猶帶賜紫金魚袋，被賜者亦不敢削去，則是借服本有佩魚不得入銜，賜帶雖無佩魚，迺循誤例，名實有無，於是舛矣。蓋凡除授，率中書關尚書賜敕，或下天官給告，因襲前此，不復檢覈，士大夫亦忽而不考云。

佩金銀牌考王佐

宋洪文敏邁《容齋三筆》曰，金國每遣使出外，貴者佩金牌，次者佩銀牌，俗呼爲金牌、銀牌郎君。北人以爲契丹時如此，牌上若篆字六七，或云阿骨打花押也，殊不知此本中國之制。五代以來，庶事草創，凡乘置奉使於外，但給樞密院牒。宋太宗太平興國三年因李飛雄矯乘厩馬，詐稱使者欲作亂，既捕誅之，乃詔自今乘驛者，皆給銀牌，國史云始復舊制，然則非起於虜也。太宗端拱二年，復詔先是馳驛使臣，給篆書銀牌，自今宜罷之，復給樞密院牒。岳珂按三朝國史《輿服志》曰，銀牌，唐制差發驛遣，則門下省給傳符，以通天下之信，宋朝符券，皆樞密院主之。舊有銀牌以給乘驛，闊一寸半，長五寸，面刻隸字曰「敕走馬銀牌」，凡五字，首爲竅，實以韋帶，其後罷之。樞密院給券，謂之頭子。太平興國三年，李飛雄詐乘驛謀亂伏誅，罷樞密院券，別製新牌，闊二寸半，長六寸，易以分書，上鈒二飛鳳，下鈒二麒麟，兩邊年月，貫以紅絲絛。端拱中，使臣護邊兵多遺失之者，又罷銀牌，復給樞密院頭子。然則所謂舊制者，唐制也。考之《唐六典》，門下省符寶郎之掌，一曰傳符，所以給郵驛、通制命，而注其下曰，两京留守及諸州若行軍所，并給傳符。諸應給魚符及傳符者，皆長官執，其長官若被告謀反大逆，其魚符付以次官，無次官付受告之司。傳符之制，太子監國曰雙龍之符，左右各十，京都留守曰麟符，左二十，其右一十有九，東方曰青龍之符，西方曰騶虞之符，南方曰朱雀之符，北方曰玄武之符，左四右三，又注其下曰：左者進内，右者付外，應執符人，其两京留守符并進内，若車駕巡幸，留右符付留守人。歷考其事，皆無以銀爲牌之制，豈沿襲至季世，不復分左右符以從簡便耶？鳳麟之象，是亦雙龍四獸之遺規也。蔡絛《鐵圍山叢談》曰，徽宗政和以來，道家者流始盛，羣羽士因援江南故事，林靈素等多賜號金門羽客，道士居上者必賜以塗金銀牌，上有天篆，咸使佩之，以爲外飾，被寵異則又得金牌焉。及後女真亂華，羣酋長皆佩金牌爲號，始悟前兆之不祥。蓋此又一時崇尚異教之制，非前比云。

神位金版考 王佐

岳珂《愧郯録》云：宋朝郊祀天地祖宗正配位，皆有金版書神位，以金飾木爲之，如匣之制，稍高博，且表以金字。珂按典故，徽宗政和六年六月甲戌，宣和殿學士禮制局詳議官蔡攸言，臣昨受睿旨，討論位版之制，退考太史局所掌見用位版，皆無所稽據。謹按《周官》有鬼神示之居，則知凡事未嘗無位，旅上帝供金版，則知凡位未嘗無版。唯長短廣狹厚薄之數，不見於書。恭考禮文，傅以經誼，伏請昊天上帝位版長三尺，取參天之數，厚九寸，取乾元用九之數，廣一尺二寸，取天之備數，書徽號以蒼色，取蒼碧之義。皇地祇位版長二尺，取兩地之數，厚六寸，取坤元用六之數，廣一尺，取地之成數，書號以黄色，取黄琮之義。仍取《周官》之制，皆以金爲之飾。又按《春秋公羊傳》，周之郊祭社稷，王者必立祖配也，自内出者，無匹不行，自外至者，無主不止，而何以休謂匹合也無。

古今祠厲考王佐

岳珂《愧郯録》，古有七祀，於前帝王諸侯卿大夫之無後者，皆致祭焉，謂之泰厲、公厲、族厲。今絶無舉行者，故此等無依之厲，勢或出於依附淫祠，殆無足怪。《禮記·祭法》鄭氏注，漢時民家皆秋祠厲，蓋此祀又達於民也，於古加嚴矣。鄭注又云，民祠厲而託之曰山，蓋惡言厲，巫祝取厲山氏之名，去厲爲山，且引《春秋》良霄事，謂厲山有子曰柱，證時巫之謬。珂按巫誠謬矣，然謂厲爲山，要非如此大訛，意必祀山氏，特去一字不馴者耳。巫祝下流，去古未遠，尚知有厲山氏，今世謂夏禹爲行雨之神，謂小孤爲婦人之神，皆安行而不以爲誤，是巫又烏知厲山。

已上俱見岳飛之孫岳珂《愧郯録》。

新增格古要論卷十三

雜考下

耕織圖後序 四明樓鑰

周家以農事開國，《生民》之尊祖，《思文》之配天，后稷以來，世守其業。公劉之厚於民，太王之於疆於理，以至文、武、成、康之盛，周公《無逸》之書，切切然欲君子知稼穡之艱難〔一〕。至《七月》之陳王業，則又首言「九月授衣」，與夫「無衣無褐，何以卒歲」。至於條桑、載績，又兼女工而言之，是知農桑爲天下之本。孟子備陳王道之始，由於黎民不飢不寒，而百畝之田，牆下之桑，言之至於再三，而天子三推，皇后親蠶，遂爲萬世法。高宗皇帝身濟大業，紹開中興，出入兵間，勤勞百萬，櫛風沐雨，備知民瘼，尤以百姓之心爲心。未遑他務，首下務農之詔，躬耕藉田之勤。伯父時爲於潛令，篤意民事，慨念農夫蠶婦之作苦，究訪始末，爲《耕》、《織》二圖，《耕》自浸種以至入倉，凡二十一事，《織》自浴蠶以至翦帛，凡二十四事。事爲之圖，繫以五言詩一章，章八句，農桑之務，曲盡情狀，雖四方習俗，間有不同，其大略不外於此，見者固韙之。未幾，朝廷遣使循行郡邑，以課最聞，尋又有近臣之薦，賜對之日，遂以進呈，即蒙玉音嘉獎，宣示後宫，書姓名屏間。初除行在審計司，後歷廣、閩舶使，漕湖北、湖南、淮東，攝長沙，帥維揚，持麾節十有餘載，所至多著聲績，實基於此。晚而退閒，斥俸餘以爲義莊，宗黨被賜者近五紀，則其居官時惠利之及民者多矣。孫洪深等慮其久而湮没，欲以詩刊諸石，鑰爲之書丹，庶以傳永久云。嗚呼，士大夫飽食暖衣，猶有不知耕織者，而況萬乘之主乎。累朝仁厚，撫民最深，恐亦未盡知幽隱，此圖此詩，誠爲有補於世。夫沾體塗足，農之勞至矣，而粟不飽其腹，蠶繰織紝，女之勞至矣，而衣不蔽其身。使盡如二圖之詳，勞非敢憚，又必無兵革力役以奪其時，無汙吏暴胥以肆其毒，則足以坐享農桑之利，而無衣食之艱矣。然人事既盡，而天時不可必，旱潦螟螣，既有以害吾之農，若夫桑遭雨而葉不可食，蠶有變而壞於垂成，此實斯民之困苦，上之人尤不可不知，此又圖之所不能述也。伯父諱璹，字壽玉，一字國器，官至朝議大夫。

嘉定三年八月朔，從子正奉大夫參知政事兼太子賓客奉化郡開國公食邑三千一百户食實封六百户，鑰謹書。

又跋 樓杓

男耕女桑，勤苦至矣，聲詩以達其情，繪事以圖其狀，刻置左右，以便觀省，庶幾飽食暖衣者知所自云。嘉熙改元正月中澣，從曾孫朝散郎權知南康軍事杓謹題。

宋宫殿記 續增

宋史地理志汴京宫室考

東京，汴之開封府也，五代梁爲東都，石晋爲東京，宋因周之舊爲都。建隆三年，廣皇城東北隅，命有未畫洛陽宫殿圖，按圖修之，皇居始壯麗。雍熙三年，欲廣宫城，以民居多，遂罷。宫城周回五里，南三門，中曰乾元，東曰左掖，西曰右掖，東西面門曰東華、西華，北一門曰拱宸，乾元門内正南門曰大慶，東西横門曰左右昇龍，左右北門内各二門，曰左右長慶、左右銀臺，東華門内一門，曰左承天祥符，西華門内一門，曰右承天，左承天門内，道北門曰宣和，正南門内正殿曰大慶，東西門曰左右太和，正衙殿曰文德，兩掖門曰東西上閤，東西門曰左右嘉福。大慶殿北有紫宸殿，視朝之前殿也，西有垂拱殿，常日視朝之所也，次西有皇儀殿，又次西有集英殿，宴殿也。殿後有需雲殿，東有昇平樓，宫中觀宴之所也。宫後有崇政殿，閲事之所也。殿後有景福殿，西有殿北向，曰延和，便坐殿也。凡殿有門者，皆隋殿名。宫中又有延慶、安福、觀文、清景、慶雲、玉京等殿，又有壽寧堂、延春閣。福寧殿東西門曰左右昭慶，觀文殿西門曰延真，其東曰真君，殿曰積慶，前建感真閣，又有龍圖閣，下有資政、崇和、宣德、述古四殿。天章閣下有羣玉、蘂珠二殿，後有寶文閣，閣東西有嘉德、延康二殿，前有景輝門，後苑東門曰寧陽，苑内有崇聖、大清殿，其西又有宣聖、化成、金華、西涼、清心等殿，翔鸞、儀鳳二閣，萃景、翠芳、瑶津三亭。延福宫後有穆清殿，延慶殿北有柔儀殿，崇徽殿北有欽明殿，延福宫北有廣聖宫，内有太清、玉清、沖和、集福、會祥五殿，又建流杯殿於後苑，又有慈德殿，楊太后所居也。觀稼殿亦在後苑，延曦閣在崇政殿西，邇英閣在崇政殿西南，蓋使臣講讀之所也。隆儒殿則邇英閣後小殿也，慈壽殿則皇太后所居也，慶壽宫、保慈宫，則亦後宫也。玉華殿亦在後苑，其後有基春殿、睿思殿、承極殿，崇慶、隆祐二宫，又有睿成宫，則神宗在東宫所居。宣和殿在睿思殿後，東有小殿曰凝芳，西曰瓊芳，前曰重熙，後曰環碧，皆徽宗重建也。曰聖瑞宫，皇太妃所居也，曰顯謨閣，藏神宗御集也，曰玉虚殿、曰玉華閣，在宣和殿後，曰親蠶宫，後宫也，曰燕寧殿，在延福宫北，安仁宗慈聖光獻皇后御容之所也。延福宫舊在後苑之西南，宣和中改作，始南向，與蘂珠并，有亭曰碧琅玕，其東門曰晨暉，西門曰麗澤，宫左别有穆清、承平、會寧、睿謨、凝和、崑玉、羣玉等殿，其東閣則有蕙馥、報瓊、蟠桃、春錦、疊瓊、芬芳、麗玉、寒香、拂雲、偃蓋、翠葆、鉛英、雲錦、蘭薰、摘金等亭，其西閣則有繁英、雪香、坡芳、鉛華、瓊華、文綺、絳蕚、穠華、緑綺、瑶碧、清陰、秋香、叢玉、扶玉、絳雲等亭。會寧殿北疊石爲山，山上有殿曰翠微，旁爲二亭，曰雲巋、層巘。凝和殿次有閣曰明春，閣之側有二殿，曰玉英、玉澗，其北附城，築土植杏，曰杏岡，覆茆爲亭，修竹萬竿，引流其下。宮之右爲宴春閣，舞臺四列，山亭二峙，鑿圓池爲海，跨海爲二亭，架石梁以升山，有亭曰飛華橫度之。又疏泉爲湖，湖中作隄以接亭，隄中作梁以通湖，梁之上又爲茆亭、鶴莊、鹿砦、孔翠諸柵，其中嘉花名木類聚，區別幽勝，宛若生成。西抵麗澤，不類塵境，東西配大內，南北稍劣，皆童貫、何訢所爲也。其東直景龍門，西抵天波門，宮東西二橫門皆視禁門法，所謂晨暉、麗澤者也，而晨暉門出入最多。城外浚濠作東景龍門橋，西天波門橋，二橋之下，疊石爲固，引舟相通，沼中作两洲，東爲蘆渚，作浮陽亭，西爲梅渚，作雪浪亭。西流爲鳳池，東出爲雁池，中分二館，東曰流碧，西曰環山，有巢鳳閣、三秀堂。東池後有輝雪廳、介亭，左復有極目、蕭森二亭，右復有麗雲、半山二亭，北俯景龍江。引江水流注山間，西行爲漱碧軒，又行石間爲煉丹、凝觀、圜山亭，下視江際，見高陽酒肆及清澌閣，土岸有勝筠庵、躡雲臺、蕭閑館、飛岑亭。支流别爲山莊，爲回流，又於南山之外爲小山，横亘二里，曰芙蓉城，窮極巧妙。而景龍江外，則諸館舍尤精，其北又因瑶華宫火，取其作大池，名曰曲江池，中有蓬壺堂，盡封丘門而止。其西則自天波門橋引水直西，殆半里，江乃折南，又折北，折南者過閶闔門爲複道，通茂德帝姬宅，折北四五里，屬之龍德宫。徽宗以萬歲山在國之艮，故名曰艮嶽，而自爲記。宣和六年，詔以金芝産於艮嶽之萬通，而橋上人物，外自通行不覺也，名曰景龍江，其後又闢之，東過景龍門，至封丘門。然景龍江北有龍德宫，江夾岸皆奇花珍木，殿宇比比對峙，中有壺春堂，後盡都城一隈，名曰擷芳園，山水秀美，林麓暢茂，樓觀參差，猶艮嶽延福也。又有保和殿，凡七十五間，曰上清神霄宫，在福寧殿東，曰上清寶籙宫，在景龍門東，對景暉門。又作仁濟、輔正二亭於宫前，命道士施符藥於民，徽宗時，登皇城下視之。上清寶籙宫之東，作萬歲山，周回十餘里，其中一峯最高，凡九十步，上有亭曰介亭，分東西二嶺，直接南山。山之東有蕚緑華堂、書館、八仙館、紫石巖、接[二]真嶝、覽秀軒、龍吟堂，山之南則壽山两峯并峙，有勝池、噰噰亭，北真絳霄樓，山之西有藥寮西莊、巢雲亭、白龍洞、濯龍峽，蟠秀、練光、跨雲亭，羅漢巖，又西有萬松嶺，半嶺有倚翠樓，上下設兩關，關下有大方壽峯，又改名壽嶽，嶽之正門曰陽華殿，亦號曰陽華宫。朱勔嘗於太湖取石，高廣數丈，載以大舟，挽以千夫，鑿河、毁堰、折牐，數月乃至，賜號昭功敷慶神運石，以是年爲宣和五年，得燕地故也，勔緣此授節度使。大抵徽宗之時，四方花竹奇石，悉聚於斯，羣閹興築，各爲制度，不務沿襲，故有延福五位、六位之號，各不肯已。徽宗晚歲，亦思苑圃之衆，國力不能支，數有厭惡語，由是得稍止。及金人再至，欽宗命取山禽水鳥十餘萬，盡投之汴河，聽其所之，既而折屋爲薪，鑿石爲砲，伐竹爲笆籬，又取大鹿數百千頭殺之，以啗衛士云。吉水王佐曰，徽宗當國富兵强之時，肆窮極侈靡之欲，日增月盛，以致辱身喪國而不知悔，其死朔漠也宜矣。吾故索聯書於此，以爲後世人主窮奢極欲者戒。

再考之：

乾元門，梁、晋曰明德，太宗改丹鳳，真宗改正陽，又改宣德，雍熙初改今名。

東西華門，舊名寬仁、神獸，開寶中改今名，熙寧末又改東華門、北謻門。

拱宸門，舊名玄武，真宗祥符中改今名，熙寧末，改門内西横門曰臨華門。

左右長慶門，熙寧中改，其隔門曰左右嘉肅。左承天門，大中祥符元年正月，天書降其上，加祥符二字。宣和門，舊名光天，真宗改大寧，明道初改今名。左右太和門，宋初曰日華、月華，真宗祥符中改今名。文德殿，宋初曰文明，雍熙初改今名，熙寧中改南門曰端禮。左右嘉福門，宋初曰左右勤政，明道初改今名。

舊城。周回二十里一百五十步，東二門，北曰望門，宋初曰和政，南曰麗景。南面三門，中曰朱雀，東曰保康，西曰崇明。西二門，南曰宜秋，北曰閶闔。北三門，中曰景龍，東曰安遠，西曰天波。已上各門，宋初皆因梁、晋舊名，至太平興國四年，始改今名。惟保康一門，大中祥符五年始創也。

新城。周回五十里一百六十五步，周顯德三年始築，宋大中祥符九年增築，元豐元年重修。政和六年，詔有司度國之南，殿築京城，移置官司軍營。南三門，中曰南薰，東曰宣化，西曰安上。東二門，南曰朝陽，北曰含輝，太宗改寅賓。西二門，南曰順天，北曰含輝。北四門，中曰通天，天聖中改寧德，東曰長景，次東曰永泰，西曰安肅，周初曰衛州門，太宗改之。汴河上水門南曰大通，天聖初改順濟，北曰宣澤，舊南北水門皆曰大通，熙寧十年分名之。汴河下水門，南曰上善，北曰天津，天聖初改廣津。惠民河水門，上曰普濟，下曰廣利。廣濟河水門，上曰咸豐，下曰善利，舊名咸通。熙寧十年，改上南門曰水順，其後又於金輝門置通遠門，天聖初改曰開遠門。

佐按，自安肅門以上，皆因周舊名，宋太平興國四年，始改今名。自開遠門以上，皆太平興國四年賜名，天聖初又改今名。其含輝、大通、通津等門，雖改而又復舊名也。

宋史地理志洛陽宮室考

西京，唐高宗顯慶間爲東都，玄宗開元中改河南府，宋爲西京，山陵在焉。宮城周回九里三百步，城南三門，中曰五鳳樓，東曰興教，西曰光政，東一門曰蒼龍，西一門曰金虎，北一門曰拱宸。五鳳樓内東西門，曰左右永泰，左永泰門外道北有鸞和門，右永泰門西有永福門。蒼龍、金虎門内第三隔門，曰膺福千秋。膺福門内道北門曰建禮，正殿曰太極殿，前有日月樓。日華、月華門中又有三門，曰太極殿門。後有殿曰天興，次北殿曰武德，西有門三重，曰應天、乾元、敷教，内有文明殿，傍有東上閤門、西上閤門，前有左右延福門，後又有殿曰垂拱，殿北有通天門，主廊北有明福門，門内有天福殿，殿北有寢殿，曰太清，第二殿曰思政，第三殿曰延春。東又有廣壽殿，視朝之所也。北第二殿曰明德，第三殿曰天和，第四殿曰崇徽。天福殿西有金鑾殿，對殿南廊有彰善門，殿北第二殿曰壽昌，第三殿曰玉華，第四殿曰長壽，第五殿曰甘露，第六殿曰乾陽，第七殿曰善興，西有射弓殿。千秋門内有含光殿，拱宸門内西偏有保寧門，門内有講武殿，北又有殿相對，内園有長春殿、淑景亭、十字亭、九江池、砌臺、娑羅亭。宮城東西有夾城，各三里餘，東二門，南曰賓暉，北曰啟明，西二門，南曰金曜，北曰乾通，宮室合九千九百九十餘區。夾城内及内城北，皆左右禁軍所處。

皇城，周回十八里二百五十八步，南面三門，中曰端門，東西左右掖門，東一門曰宣仁，西三門，南曰麗景，與金曜相直，中曰開化，與乾通相直，北曰應福，内皆諸司處之。

京城，周回五十二里九十六步，隋煬帝大業元年所築，唐武后長壽二年增築。南三門，中曰定鼎，東曰長夏，西曰厚載，東三門，中曰羅門，南曰建春，北曰上東，西一門，曰闔門，北二門，東曰安善，西曰徽安。宋徽宗政和中又重修之。光政等門，因隋、唐舊名也。鸞和門，太平興國三年以車輅院門改名。太極殿，舊名明堂，宋太宗改今名。

大慶殿，舊名崇元，宋初重修，改曰乾元，太宗改曰朝元，真宗改天安，明道三年改今名。

紫宸殿，舊名崇德，明道初改今名。

垂拱殿，舊名長春，明道初改今名。

皇儀殿，宋初曰滋福，明道初改今名。

集英殿，舊名廣政，宋初改大明，淳化中改含光，祥符中改會慶，明道初改今名。

需雲殿，舊名玉華，後改瓊華，熙寧初改今名。

崇政殿，舊名簡賢講武，太宗改之，熙寧中改北橫門曰通極。
延和殿，祥符中改宣和門、承明殿，明道初改端明，尋改今名。
延慶殿，舊名萬歲，祥符中改今名。
觀文殿，舊名集聖，明道中改肅儀，慶曆八年改今名。
化成殿，即玉宸殿，明道初改今名。
柔儀殿，章獻太后改崇徽，明道初改寶慈，景祐中改今名。
欽明殿，舊名天和，明道初改觀文，又改清居，治平中改今名。
崇德、長春、滋福、會慶、延慶、崇徽、天和、承明八殿，呂夷簡修。
太平樓，舊名紫雲，明道初改今名。
延春閣，舊名萬春，寶元初改今名。
壽寧堂，舊名清浄，明道初改今名。
寶文閣，即壽昌閣，慶曆初改今名。
寧陽門，即宣和門，明道初改今名。

廣聖宫，天聖二年建，曰長寧，景祐二年改今名。

顯原闕。

宋汴都故宫記元楊奂

己亥春三月，按部至於汴，汴長吏宴於廢宫之長生殿，懼後世無以考，爲纂其大概云。皇城南外門曰南薰，南薰之北，新城門曰豐宜，橋曰龍津，橋北曰丹鳳，而其門三，丹鳳北曰州橋，橋少北曰文武樓。遵御路而北，橫街也，東曰太廟，西曰郊社，正北曰承天門，而其門五，雙闕前引，東曰登聞檢院，西曰登聞鼓院，檢院之東，曰左掖門，門之南曰待漏院，鼓院之西曰右掖門，門之南曰都堂。丞相府。承天之北曰大慶門，而日精門、左昇平門居其東，月華門、右昇平門居其西，正殿曰大慶，殿東廡曰嘉福樓，西廡曰嘉瑞樓。大慶之後曰德儀殿，德儀之東曰左昇龍門，西曰右昇龍門，正門曰隆德，曰蕭牆，曰丹墀，曰隆德殿。隆德之左曰東上閤，門右曰西上閤，門皆南向，東西二樓，鐘鼓所在，鼓在東，鐘在西。隆德之次曰仁安門，仁安殿東曰内侍局，内侍之東曰近侍局，近侍之東曰嚴祗門，宮中則曰撒合門，少南曰東樓，即授除樓也，西曰西樓。仁安之次曰純和殿，正寢也，純和西曰雪香亭，雪香之北，後妃位也，有樓。樓西曰瓊香亭，亭西曰涼位，有樓，樓北少西曰玉清樓，純和之次曰寧福殿，寧福之後曰苑門。由苑門而北，曰仁智殿，有二大石，左曰敷錫神運萬歲峯，右曰玉京獨秀太平巖，殿曰山莊，莊之西南曰翠微閣，苑門東曰仙韶院，院北曰湧翠峯，峯之洞曰大滌湧翠。東連長生殿，殿東曰湧金殿，湧金之東曰蓬萊殿。長生西曰浮玉殿，浮玉之西曰瀛洲殿，長生之南曰閱武殿，閱武南曰内藏庫。由嚴祗門東曰尚食局，尚食東曰宣徽院，宣徽北曰御藥院，御藥北曰右藏庫，右藏之東曰左藏。宣徽東曰點檢司，點檢北曰祕書監，祕書北曰學士院，學士之北曰諫院，諫院之北曰武器署。點檢之南曰儀鸞局，儀鸞之南曰尚輦局，宣徽之南曰拱衛司，拱衛之南曰尚衣局，尚衣之南曰繁禧門，繁禧南曰安泰門，安泰西與左昇龍門直，東則壽聖宮，兩宮太后位，本明俊殿試進士之所。宮北曰徽音殿，徽音之北曰燕壽殿，燕壽殿垣後少西曰震肅衛司，東曰中衛尉司，儀鸞之東曰小東華門，更漏在焉。中衛尉司東曰祗肅門，祗肅門東少南曰將軍司徽音，壽聖之東曰太后苑，苑之殿曰慶春，慶春與燕壽并小東華門與東華對。東華門内正北曰尚廏局，尚廏西北曰臨武殿，左掖門正北曰尚食局，局南曰宮苑司，宮苑司西北曰尚醞局、湯藥局、侍儀司，少西曰符寶局、器物局，西則撒合門、嘉瑞樓。樓西曰三廟，正殿曰德昌，東曰文昭殿，西曰光興殿，并南向。德昌之後，宣宗廟也，宮西門曰西華，與東華直，其北門曰安貞。二大石外，凡花石臺榭池亭之細，并不録。觀其制度簡素，比土階茅茨則過矣，視漢之所謂千門萬户、珠璧華麗之飾，則無有也。然後之人因其制度而損益之以求其稱，斯可矣。

宋行宮考在杭州。徐一夔。

宋行宮，在杭州鳳凰山下，即唐以來州治也，按《咸淳臨安志》，建炎三年二月，高宗詔以杭州爲行宫，時執政奏屋宇隘陋，高宗以百官六軍未得其所，不御正寢。紹興元年十一月，詔守臣徐康國措置，且命不得華飾，二年，南門成，名曰行宮之門。三年，以百官遇雨泥，行非便，詔梁汝嘉創廊廡於南門之内。十八年，名南門曰麗正，北曰和寧，東苑門曰東華。二十八年，始增築禁城，而其宫殿之制，六參官起居，與百官聽宣布，則曰文德殿，謂之正殿。其次參官起居，則曰垂拱殿，謂之常朝。曰紫宸殿，則上壽御焉，曰大慶殿，則朝駕御焉，曰明堂殿，則宗祀御焉，曰集英殿，則策士御焉，此四殿者，皆即文德殿隨事而揭名，未暇專建也。後殿有四，曰崇政，一名祥曦，曰福寧，曰復古，曰延和，福寧則寢息之所，復古則燕閑之所，而延和在垂拱之後，遇聖節、冬至、正旦、寒食、齋戒，或避正殿則御焉。曰選德殿，則孝宗建以爲射殿，曰緝熙殿，則理宗闢以爲講殿，曰熙明殿，則度宗改東宫之益堂爲之，置經籍其中，以肄習焉。而講筵延英閣，則在禁中，高宗之將倦勤也，即秦檜舊第，更築新居，其内禪也，則退居之，名曰德壽，孝宗之内禪也，改名曰重華而居焉，不更作也。至於東宫，初無定制，蓋宋諸帝多由外邸入繼正統，不遑築宫，如孝宗之資善堂，度宗之益堂，皆在宫中，遂以爲就學之地。至於臣僚之署，獨學士院在和寧門内，蓋倣唐北門之制也。郊社、圜丘，則在嘉會門外龍華寺西。太社、太稷，則在觀橋東北，其地北有靈池、九宫，海神壇則在東青門外一里，籍田、先農、高禖等壇，皆在嘉會門外南四里。理宗以南渡後依海建都，宜以海神爲大祀，又立海神壇於東青門外太平橋之東。宗廟、太廟，則在瑞石山之左，即鳳凰山左翅也。景靈宫則在新莊橋之西，蓋太廟乃宗祀之常，而景靈宫則漢原廟之制也。又有欽先、孝思殿以奉神御，則仍東都之舊，在内中閣，則自真宗御龍圖閣，召近臣觀太宗御書，及古今名畫，其名昉見。仁宗召輔臣於天章閣，朝拜太祖、太宗御容，則不獨藏書畫也。南渡後遂令修内司復建諸閣，太宗閣曰龍圖，真宗閣曰天章，仁宗閣曰寶文，神宗閣曰顯謨，哲宗閣曰徽猷，徽宗閣曰敷文，不忘先也。而高宗閣則曰焕章，孝宗閣則曰華文，光宗閣則曰寶謨，寧宗閣則曰寶章，諸閣皆在禁中，閣置學士。直閣苑囿凡六處，曰聚景園，曰玉津園，曰富景園，曰翠芳園，曰玉壺園，曰集芳園。聚景在清波門外，玉津在嘉會門外，富景在崇新門外，翠芳在錢湖門外，玉壺在錢塘門外，集芳在葛嶺，其後理宗以賜其相賈似道爲第宅云。南渡後宫室不過如此，若夫苑囿之設，亦不過奉其親宴遊，非荒嬉也。德祐二年，宋亡，元有司封鐍，以幼主北行，明年爲至元十四年，民間失火，飛燼及其宫室，焚燬殆盡。後十年，西僧楊璉真嘉言於朝，即其基造佛寺五，曰興元，曰報國，曰白塔，曰般若，曰小仙林。塔一，曰尊勝。而壇廟亦皆夷爲民居僧舍。元末之亂，張氏毁塔造城，五寺亦就廢，今姑識之。張士誠據蘇州稱吴王。

吴越國考 徐一夔

吴越國在杭州鳳凰山下，其子城南曰通越門，北曰雙門，錢氏納土後，二門猶存。《臨安志》載吴越錢氏造，而不言在鳳凰山下。宋政和二年，孫沔守杭，蔡襄爲沔撰《雙門記》，内云吴越王依山阜以爲治，而雙門置木石，錮金鐵，用爲敵備，沔以爲非禮制，改作之。則錢氏宫室在鳳凰山下無疑。高宗南渡，駐蹕杭州，徙州治於清波門内，今州治是也。但宋南渡，即其地爲行都，故後人但知有宋故都，而不知有錢氏耳。初錢氏以强弩射潮，築隄捍國，而以鐵幢識其射處。以今驗之，去鳳凰山僅二百許步，此足爲證錢氏當五季據有兩浙八十餘年，亦頗有功德於民。詢之故老，已不知其建國之處，弔古者無從質焉。吴越舊有備史，今亦不存，因修新誌補其闕略云爾。

歐史十國年譜備證 徐一夔

五季時，十國稱帝改元者七，荆、楚、吴、越，常行中國年號。歐陽公《五代史》著《十國世家年譜》，於吴越云，聞之故老，亦嘗稱帝改元，而求其事跡不可得，獨得其封落星石爲寶山石，制書稱寶正六年辛卯，始信其改元。歐史所據者以此，所以不他見者，疑其年號止行於國中，而不行於外國，後并諱之。至正中余避亂海寧州之東，有姓許者，嘗闢巨室，得古墓一，内有誌甎，蓋錢氏將許俊墓也。俊年十八從軍，以驍勇有戰功，累官至節度使都押牙兼御史中丞，寶正三年卒，葬於此。所載年月甚明，此又錢氏改元之一證也，惜乎歐公未之見爾。鏐殄巢、殺宏、誅昌，以有两浙之地，又貢獻中朝不絶，若無稱帝改元事。當唐明宗即位之初，安重誨用事，鏐致書重誨涉慢，重誨大怒，會使臣烏昭遇、韓玫使鏐還朝，玫誣昭遇稱臣舞蹈，重誨遂奏削鏐王爵，鏐蓋有激而然。而鏐卒之歲，實爲明宗改元長興之壬辰，則寶正六年之明年也。重誨被殺，當長興二年夏，而元瓘自陳，復鏐王爵，則在重誨既死之後，故元瓘襲位，不復改元，其事可見已。以余觀之，鏐自梁末帝貞元二年加天下兵馬都元帥，開府置官屬，唐莊宗入洛，以厚獻故，得賜玉册金印，自稱吴越國王，更名所居曰宫殿，官屬皆稱臣，遣使封拜海中諸國君長。至如俊者，以分言之，一陪臣爾，亦授前項職名，儼然行帝事者矣，奚待重誨見絶而然。歐公去五代未遠，故老所云，蓋可信也。當時十國，皆非中國有，鏐之稱帝改元與否，亦不足較，第録所見以備歐史之一證云爾。

辨錢塘鐵箭徐一夔

按舊《臨安志》，郡人相傳吴越王鏐用强弩射潮，箭所止處，立鐵幢識之。又云錢氏子孫言築塘時，高下置鐵幢三以衛水，則在今利津橋北者其一也，舊名其地爲鐵幢浦。幢制首圓如杵，徑七八寸許，出土約三尺餘，其趾入土不知幾許。故老又云，初置幢時，塘猶未成，慮潮盪幢，用鐵輪護幢趾，而以鐵絙貫幢榦，且引絙維於塘上下之石楗，然後實土築塘，故幢首出土云，此説是也。宋淳祐間，趙安撫與□買民地，作亭覆幢，今亭夷爲民居，獨存窪池，而鐵幢之首嶄出窪池可驗。幢本有三，故老云，一在舊便門街東南小巷，今其巷尚名曰鐵箭。一在舊薦橋門外者，堙塞於民居。僅存其在利津橋者，又爲民居所蔽，若不表識，久亦堙塞，此實幢也。近世有賦鐵箭者，遂指此幢爲箭，認幢首爲鏃首，不思方射潮時，箭已逐潮去矣，箭惡能存。且鏐雖英雄，其所發箭，亦不過致一時之精誠，未必異於常箭，不考而妄作如此，可笑。又謂其首出土面，可撼而不可拔，以爲神異，此尤不察其下有關鍵故也。至惑於《夷堅志》之説，謂此矢拔，則龜目紅，其言尤謬。今恐以訛傳訛，故力辨之。

元故宮遺録 明蕭洵

南麗正門内曰千步廊，可七百步，建靈星門，門建蕭牆，周回可二十里，俗呼紅門闌馬牆。門内二十步有河，上建白石橋三座，名周橋，皆琢龍鳳祥雲，明瑩如玉，橋下四白石龍擎戴水中，甚壯。繞橋盡高柳，鬱鬱萬株，遠與内城西宮海子相望及。橋可二百步，爲崇天門，門分爲五總，建闕樓其上，翼爲回廊，低連兩觀，傍出爲十字角樓，高下三級，兩傍各去午門百餘步，有掖門，皆崇高閣。内城廣可六七里，方布四隅，隅上皆建十字角樓，其左有門爲東華，右爲西華，由午門内可數十步爲大明門，仍傍建掖門，繞爲長廡，中抱丹墀之半，左右爲文武樓，與廡相連。中爲大明殿，殿基可高五尺，前爲殿陛，納爲三級，繞置龍鳳白石闌，闌外每柱壓以鼇頭，虚出闌外，四繞於殿。殿楹四向皆方柱，大可五六尺，飾以起花金龍雲，楹下皆白石龍雲花頂，高可三尺，楹上分間仰爲鹿頂，斗栱攢頂中，盤黄金雙龍，四方皆用金紅鎖窗，間貼金鋪，中設山字玲瓏金紅屏臺，臺上置金龍牀。殿右連爲主廊，十二楹，四周金紅鎖窗，連建後宫，廣可三十步，殿半之，不列楹架，四壁立，至爲高曠，通絹素冒之，畫以龍鳳，中設金屏幢。幢後有寢宫，深止十尺，俗呼爲弩頭殿，龍牀三座，亦頗渾樸。前宫東西仍相向爲寢宫，中仍設金紅小屏牀，上仰皆實，如方隅，中綴綵雲金龍鳳，通殿皆冒絹素，畫以金碧山水，壁間每有小雙扉，内貯裳衣，前皆金紅推窗，間貼金花，中夾玉板明光油紙。至冬，則自殿外一周，皆籠準皮帳，夏則黄油絹幙，内寢屏幛，重覆帷幄，而後裏以銀鼠，席地皆編細簟，上架深紅厚氈，後覆茸單。至寢處牀座，每用裀褥，必重數疊，上蓋乃純織金納失失，再加金帖熏以異香，始邀臨幸。宫後連抱長廡，以通前門，前繞金紅闌檻，盡列花卉，以貯妃嬪。而每院間必建三□，東西相向爲繡榻，壁間亦用絹素，而畫以丹青，廡後横亘道以入延春閣，丹墀皆植青松，即萬年枝也。門廡殿制，大略如前，但用濬花板石甃之，磨以核桃，光采如鏡。中置玉臺牀，兩傍有皮毛伏虎機，發如生前，置金酒海，前後四列紅蓮牀。其上爲延春閣梯級，由東隅而上，長短凡三折而後登，雖至幽暗闌緒，皆塗以金雲龍，冒以丹青絹素，上仰高皆拱爲鹿頂，中設金龍，四周皆繞金珠鎖窗，窗外蓋繞闌幹，憑望至雄傑。宫後仍爲主廊，後宫、寢宫，大略如前。廊東有文思小殿，西有紫檀小殿，寢殿東有玉德殿，殿楹窗拱皆貼白玉龍雲花文，中設白玉金小字屏，臺上置玉牀。又東爲宣文閣，傍有祕密堂，西有鹿頂小殿，前後散爲便門，高下分引而入，綵闌翠閣，間植花卉，異名松檜，更爲别殿，飛甍數座。又後爲清寧宫，宫制大略如前宫，後引抱長廡，遠連長春宫，其中皆以處嬖幸也，外護金紅闌檻，各植花卉異種。又後繞長廡，别虛御道，再護雕闌，又以處嬪嬙也。又後爲厚載門，上建高閣，環如飛橋，舞臺於前，回闌引翼，每幸閣上，天魔歌舞於臺，繁吹導之，自飛橋而升，市人聞之，如在雲霄間。臺東百步有觀星臺，臺傍有翠柳萬株，甚雅。臺西爲内浴室，有小殿在前。由浴室而出内城，臨海子，廣可五六里，駕飛橋於海中，起瀛洲之殿，繞以石城，散作洲島拱門，以便龍舟往來。由瀛洲殿後引長橋，上萬歲山，山高可數十丈，皆崇奇石，因形勢爲巖巒，前架石門三座，與瀛洲對，東臨太液池，西北皆俯瞰海子，由三門分道，東西而升，下有故殿基尚存。金主圍棊石盤，山半有方壺殿，四通左右之路，幽花芳草紛紛，與松檜蔭映上下，隱然仙島。又爲吕公洞，尤爲幽邃，洞上數十步爲金露殿。由東而上，爲玉虹殿，殿前有石巖如屋，每設宴必温酒其中。更衣、玉虹、金露殿交馳而繞層闌。登廣寒殿，殿前皆線金朱鎖窗，綴以金鋪，内列二十四楹，皆繞刻龍雲，塗以黄金，左右後三面，則用香木鑿金，爲祥雲數千萬片，擁結於頂，中盤雙龍。殿内有玉金玲瓏屏臺玉牀，四列紅連椅，前置螺鈿酒桌，高架金酒海，窗外出爲露臺，繞以白石花闌，旁有鐵竿數丈，上置金葫蘆三，引鐵練以繫之，乃金章宗所立，以鎮其下龍潭。憑闌四望穹闊，前瞻瀛洲仙橋與三宫樓觀，金碧流輝，後顧西山雲氣與城闕，縹緲獻翠，而海波壓迴，天宇低沉，欲不謂之清虚府不可也。山左數十步，萬柳中有浴室，前有小殿，由殿後左右而入，爲室凡九，皆極明透，交爲穴，中盤雙龍，昂首共吐一丸於上，注以温泉，九室交湧，香霧從龍口中吐，奇巧有莫能辨。自瀛洲外城西度飛仙橋上回闌處，巡紅牆而入於明仁殿，沿海子導金水河，步邃河南行爲西前苑，苑前有新殿，半臨邃河，河流引自瀛洲西，邃地而出，繞延華閣後，達於興聖宮，復邃地西折禿樂廝後老宮，而出抱前苑，東下於海子約遠三四里。龍舟大者可十丈，繞設金紅綵闌，前起龍頭，機發五竅皆通，餘船三五，亦自奇巧，引挽遊幸，或引或出，已覺忘身，況論其他哉。新殿後有二水晶圓殿，起於池中，通用玻瓈爲飾，日光回彩，宛若水宮，中有修衢長橋遠引，而升喜禧殿。橋傍二石柱立，高二丈，闊徑一尺，金采光芒，鋒利如斲，度橋前苑入懿德殿，主廊寢宮，亦如前制，乃建都之初基也。由殿後出掖門，皆叢材，中起小山，高可五丈，分道縁延而升，皆崇怪石，間植異卉，雜以幽芳，自頂引注流泉，巖下悉爲深洞，有飛龍噴雨其中，前有盤龍相向，舉首而吐流泉，泉聲夾道交走，泠然清爽，又一幽迴處，彷彿仙島。山上復爲層臺，回廊邃閣，高出空中，隱隱遥接廣寒殿，山後仍爲寢宮，連以長廡。廡後西繞邃河，東流水出便門，走繞東北，又繞紅牆，入紅門，可二十步許，爲光天門，仍闢左右掖門，而繞以長廡，中爲光天殿，殿後穿廊如前，但廊後高起隆福宮，四壁皆冒以絹素，畫飛龍舞鳳，極爲明曠。左右後三向，皆爲寢殿，殿制大略如前，殿東有沉香殿，西有寶殿，長廡環抱，與前殿重闌，掩映高下，亦多難名。又後爲興聖宮，丹墀皆植萬年枝，殿制比大明差小，殿後分道爲閣門，出繞白石龍鳳闌檻，檻上每柱皆飾翡翠，而置黄金雕鳥獅座，中建小直殿引遼河分流繞其下，甃以白石，翼爲仙橋，四起鎖窗，而抱綵縷，樓後東西爲日月殿，皆用金翠點綴，欲像扶桑桑海之勢，至爲奇巧。壁間往來便門，出入有莫能窮極。後又有禮天臺，高跨殿上，碧瓦飛甍掩映，皆非常制，盼望上下，無不流輝，不覺奪目，亦不知蓬萊仙島又果何似也。又少東，有流杯亭，中有白石牀如玉，臨流小座散列，多刻石爲水獸，潛躍其旁，塗以黄金，又皆親製水鳥浮杯，機動流轉而行勸罰，必盡歡洽，宛然尚在目中。繞河沿流，金門翠屏，回闌小閣，多爲鹿頂，鳳翅重簷，又凡數座，總引長廡以繞。又少東，出便門，步遼河入明仁殿，主廊後宫，大略如前。宮後爲延華閣，規制高大，與延春相望，四向皆臨花苑，苑東有端木堂，堂上冒以青紵絲，又東爲椶毛殿，皆用椶毛以代陶瓦。少西，出掖門爲慈仁殿，又後苑中爲金殿，殿楹檻窗扉，皆裹以黄金，四外盡植牡丹百餘本，高可五尺，又西有翠殿，又有花亭毬閣，環以緑牆獸闥，緑帳魷窗，左右分布，異卉幽芳，參差映帶，而玉牀寶座，時時如浥流香，如見扇影，如聞歌聲，出户外而若度雲霄，又何異天上人間也。金殿前有野果，名姑娘，外垂絳囊，中空，有桃子如丹珠，味甜酸可食，盈盈繞砌，與翠草同芳，亦自可愛。花外重繞長廡，廡後出内牆，東連海子，以接厚載門，凡長廡中皆宫娥所處之室，後宫約千餘人，掌以閹寺，給以日飯，又何盛哉。庚申以荒淫久廢朝政，於洪武元年，爲諸將叛背，棄宗廟社稷而逃，走依西北。蓋立彼蒙古之國，逾年不爲所容，思庇翁吉剌氏魯王所封之國以求生，即應昌府也，府有西江焉。庚申心知不可爲已，因泣數行下，未幾，以痢疾崩。子愛猷識理達臘立五日，我師奄至，愛猷識理達臘僅以身免，二后、愛猷識理達臘妻子，及三宫妃嬪、扈衛諸軍將帥、從官，悉俘以還，元氏遂滅，至是始驗「指望兑生涯，死在西江月下」云。

譙樓畫角三弄記胡儼

儼幼聞諸伯父虞部府君曰，世之鼓樓曰譙樓，譙樓者，謂門上爲高樓以望也。畫角之曲有三弄，乃曹子建所撰，其初弄曰：「爲君難，爲臣亦難，難又難。」次弄曰：「創業難，守成亦難，難又難。」三弄曰：「起家難，保家亦難，難又難。」今角音之嗚嗚者，皆難字之曳聲耳，所以使人昏曉之間，燕息之際，聞之有所儆發也。至唐節度使，辭曰賜雙旌雙節，行則建節，立六纛，入境，州縣立節樓，迎以鼓角。今州郡有樓以置鼓角，必會府而後可，非受方面之任而置鼓角，皆僭也。

宋朝金魚考

曰忠，曰孝，曰清，曰慎，如黄河之深，若泰山之厲，諮爾毋踰此盟。

校勘記

〔一〕「切切然欲君子知稼穡之艱難」，原作「切切然欲其君君子知稼穡之艱難」，據四庫本《攻媿集》改。

〔二〕「接」，續修四庫全書本、萬有文庫本作「按」。

附録

一、傳記資料

王佐字功載，吉水人，宣德丁未進士，選庶吉士，授刑部主事，歷員外郎，中居職辨冤獄，活無辜死者百餘人。奉命録囚蘇浙，多所平反。雖久任無躁進意，天順間出守臨安，至則撫夷獠，戒軍衛，以德濟威，軍民咸戴之。事載《臨安德政碑》。

（《萬曆吉安府志》卷十九）

刑部主事吉水王佐功載，以勤慎着聞於士大夫久矣，朝廷推恩，封其父爲刑部主事，母亦封爲太安人，皆賜之敕命。功載念去親之久也，乃請告歸省焉，同列之賢皆作詩贈行，而請予序之。予與功載居同郡，而泰和與吉水相邇也。然予來北京又十五年，每欲一歸而縻於職務，輒不果，故於人之歸省也心切慕焉，而亦不能不慊於内，又安能爲言以贈之。況功載同郡之人，其概於予心爲尤切，則將何辭以塞請哉。雖然，諸公之詩於祖離道舊之情備矣，所以侈上賜而榮其親者亦至矣，而其意亦有在於言語之外者，是宜見於予文，則予雖欲嘿可已邪？夫君子之仕，固將以爲親榮，而非善於其職不得也然。善於其職亦分之當然而已，豈足異哉？今既貴其身而又顯其親，及往省也則又必賜賚而遣之，上之恩極隆矣。盡己當然之分而獲乎隆然之施，其可但已邪？且君子之志固欲其道之大行，不以小成自足也。彼以小成自足，而用其所得者以爲父母榮，衣服之美，輿馬之華，意氣之雄高，赫然驚駭乎閭巷，而於敬長慈幼、睦族善鄰之行，或闕焉。又其甚，至有不可勝言者，而君子鄙之。上之所施，豈以爲是哉？如是而果可以爲父母榮哉？功載讀書學聖賢之道，必深明乎此，不以小成自足，而冀其道之大行以顯於其親，蓋其志也，而亦諸公期待之意也。予既同郡而相愛加厚焉，故發其意以爲贈行詩序。

（王直《抑庵文集後集》卷十五《送王主事詩序》）

二、歷代著録

曹昭《格古要論》十三卷。洪武二十一年戊辰序。

（《千頃堂書目》卷九食貨類）

曹昭《格古要論》十四卷。字仲昭，松江人，洪武初爲此書，至天順間吉水王均（吴校改均爲佐）增輯十三卷。

（《千頃堂書目》卷十五藝術類）

《格古要論》三卷，衍聖公孔昭焕家藏本，明曹昭撰。昭字明仲，松江人。其書成於洪武二十年。凡分十三門，曰古銅器，曰古畫，曰古墨迹，曰古碑法帖，曰古琴，曰古硯，曰珍奇，曰金鐵，曰古窑器，曰古漆器，曰錦綺，曰異木，曰異石。每門又各分子目。多者三四十條，少者亦五六條。其於古今名玩器具真贋優劣之解，皆能剖析纖微。又諳悉典故，一切源流本末，無不厘然，故其書頗爲賞鑒家所重。郎瑛《七修類稿》嘗議其「琴論」後當入「古笙管」，「淳化帖」後當收「譜系」一卷。珍寶欠祖母緑聖鐵，異石欠大理仙姑，異木欠伽楠香，古銅欠布刀等錢，古紙欠藏經紙，且珍奇後當設一羽皮，如狐貉、孔雀、翡翠、豹兕之類，而文房門亦不可不論云云。其言雖似有理，然其書不過自抒聞見，以爲後來考古之資，固與類書隸事，體例有殊，要未可以一二事之偶未賅備，遽訾其脱漏也。惟所論銅器入土千年色純青如翠，入水千年色緑如瓜皮一條，孫炯《硯山齋珍玩集覽》以爲信如所言，則水銀色、褐色、墨漆古色者，又將埋於何地，而深譏其説爲未確，是誠不免於疏駁耳。

（《四庫全書總目提要》卷一百二十三子部雜家類）

《格古要論》十三卷，明曹昭撰。明刊黑口本，九行十二字，黑口，四周雙邊。鈐有「渤海陳氏家藏」、「潘氏桐西書屋之印」、「茉坡藏書」、「碩庭過眼」、「舜功」各印。

《新增格古要論》十三卷，明雲間曹昭明仲撰，王佐增補。明天順六年刊、成化六年增刊印本，十三行二十五字，黑口，四周雙邊。題「雲間曹昭明仲著」、「雲間舒敏志學編校」、「吉林王佐功載校增」。前有洪武二十一年昭自序，後附凡例九條，言景泰七年得李、孫二公本考校增完，至天順己卯乃付刊云。目下注明「舊本」、「新增」各字。卷十二後有「徐氏善得書堂天順壬午新刊」牌子，卷末有「成化七年徐氏續增新刊印行」牌子二行。則此本爲成化補刊所印也。卷中墨筆所增各條則古吴俞善裕澹菴之筆，署順治年號，則清初人也。鈐有「文徵明印」、「俞善裕印」、「一字澹菴」、「臣啓淑印」。

《新增格古要論》十三卷，明曹昭撰，王佐增補。明刊本，十行十二字。新增者標明「新增」二字於各條下。刻本甚精。雲間舒敏志學序，洪武二十一年戊辰雲間曹昭明仲序，次凡例，次新增凡例。本書首古琴，次古墨迹，次新增各處碑帖，次金石遺文。與胡文焕刻本不同，蓋吉水王佐校增者也。鈐有「洞庭席氏家藏」、「洞庭席氏受祉堂印」、「席永勛印」、「元公印信」、「明善堂覽書畫印記」各印。

（《藏園群書經眼録》卷九子部三雜家類二）

《格古要論》三卷，明曹昭撰。○格致本五卷。○王佐增訂重刊本十三卷。○惜陰軒刊本同。［補］○明萬曆二十五年金陵荆山書林刊《夷門廣牘》本。

［補］《新增格古要論》五卷，明曹昭撰，王佐增補。○明萬曆間胡文煥刊《格致叢書》本。十行十二字，白口，左右雙欄。

［補］《格古要論》十三卷，明曹昭撰。○明刊黑口本，九行二十字，黑口，四周雙邊。鈐有「潘氏桐西書屋藏」印。

［補］《新增格古要論》十三卷，明曹昭撰，王佐增補。○明天順六年徐氏善得堂

刊成化七年續增本，十三行二十五字，黑口，四周雙邊，卷十二後有「徐氏善得堂天順壬午新刊」牌子，卷十三末有「成化七年徐氏續增新刊印行」牌子。清俞善裕墨筆增補。○明刊本，十行二十字，白口，四周單欄。鈐「清怡府明善堂藏」印。○清道光二十六年宏道書院刊《惜陰軒叢書》本。

（《藏園訂補郘亭知見傳本書目》卷十下子部十下雜家類下）